Manager avec son équipe

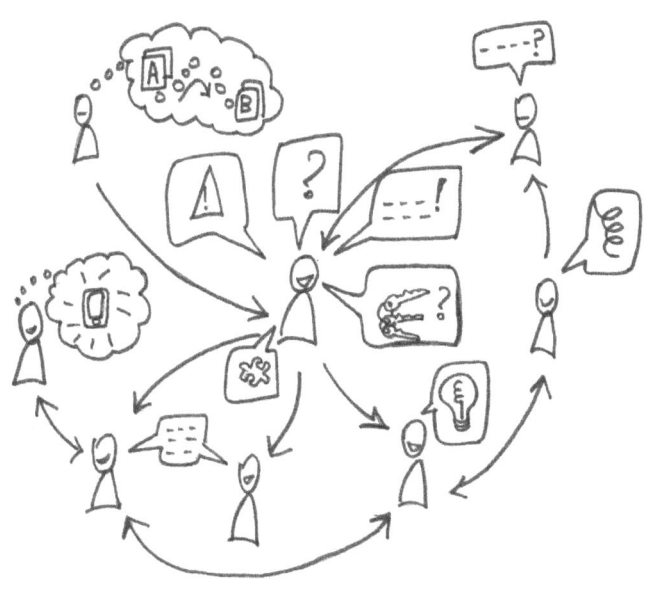

Avancer ensemble grâce à
l'intelligence collective

Nathalie Cortial Vivien

ISBN-13: 978-1541198395

Prologue

« Aucun d'entre nous ne vaut ce que nous valons tous ensemble. » Lao Tseu

A mes enfants,

Qui tous les jours m'apprennent sur les relations humaines, et me permettent de continuer à grandir en les éduquant,

A tous les éducateurs,

Qui préparent le monde de demain, en même temps qu'ils accomplissent de petits exploits souvent peu visibles dans le monde d'aujourd'hui,

A tous les managers, qui s'interrogent sur leur rôle et qui s'intéressent sincèrement aux personnes dont ils ont la responsabilité,

A tous ceux qui ont conscience que nous sommes seuls des êtres incomplets…

Table des matières

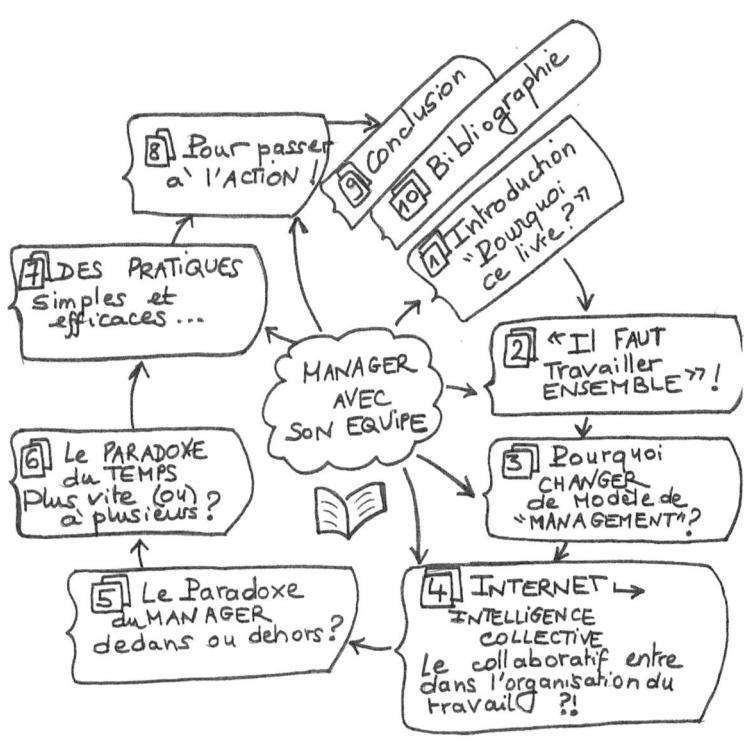

Sommaire : Lire ce livre selon ses besoins

1. Introduction : pourquoi ce livre ?

Comme certains d'entre vous, un jour dans ma vie professionnelle, j'ai eu l'opportunité et le privilège d'encadrer une équipe : de devenir « manager », autrement dit « chef » ou « responsable », de service ou d'équipe c'est selon. J'avais toujours recherché ce type de poste, afin de pouvoir influencer les décisions, et de pouvoir guider les personnes. Assez jeune, à 26 ans, j'en ai eu l'opportunité avant même d'en avoir le titre ou les compétences.

Comme vous peut-être, j'ai cherché à atteindre voire dépasser mes objectifs, à décliner la stratégie de l'entreprise. J'ai consacré toute mon énergie et tout mon temps à essayer de faire avancer les choses, à accompagner mon équipe pour qu'elle soit la plus efficace possible et réponde aux attentes de l'entreprise.

Il y a 20 ans, aucun cours de management ne m'avait été enseigné, je n'ai donc pas eu pas la possibilité de mettre en pratique une théorie apprise, mais c'est confrontée à la réalité et aux difficultés de l'encadrement que j'ai appris, en persévérant à comprendre le travail lui –même, et les difficultés de ceux qui le réalisent et en faisant appel avant tout à mon sens relationnel.

Souvent, je me suis interrogée sur mon style de management : trop empathique ? Pas assez directif ?, et à l'adapter au gré des situations, des personnes. Je n'ai pas connu de « chef-mentor » qui m'ait appris les bonnes pratiques, ni de « manager-coach » qui m'ait guidé dans l'encadrement. Je n'ai pas eu de formation au management non plus, au-delà de celle qui consiste à fixer des objectifs et évaluer les performances lors de l'entretien annuel d'évaluation.

Intuitivement, je pensais bien qu'il convenait de donner le cadre, les objectifs, fixer les priorités, mais aussi de laisser une marge de manœuvre, une autonomie responsable.

Spontanément, j'ai veillé à laisser s'exprimer les idées, les initiatives, à améliorer les conditions de travail, à maintenir une ambiance conviviale, à laisser chacun apprendre et se développer, à valoriser les réussites. C'est aussi ce que j'attendais de mon propre manager.

Pourtant, je n'ai pas le sentiment d'avoir changé les choses. Seulement d'avoir exécuté et fait appliquer des ordres. En revanche, d'avoir été isolée dans ce rôle souvent ingrat. J'ai toujours attendu de mes managers qu'ils décident, m'encouragent, me soutiennent, m'inspirent.

Aujourd'hui, je réalise que manager ce n'est pas « que » encadrer, que ce n'est plus suffisant. Que le manager peut et doit aller plus loin et redonner un nouveau sens à son rôle.

Qu'il ne renonce pas à viser l'excellence, à être un exemple inspirant et innovant. Qu'il lâche aussi de son pouvoir séculaire de décision, de contrôle, et renonce à garder la maîtrise pour lui seul.

Manager ainsi, c'est évidemment prendre des risques, mais c'est en construisant avec son équipe un management nouveau qu'il partagera la maîtrise de ces risques.

L'intention de ce livre est de vous proposer une nouvelle manière de manager, et de vous guider vers ce style de management, inspirant qui permette aux équipes d'être innovantes et efficaces.

Nous verrons pourquoi travailler ensemble, au delà du leitmotiv, signifie aussi manager ensemble, et pourquoi de ce fait le manager se doit d'évoluer en artisan des relations humaines. Nous ferons le lien avec les modes de travail collaboratifs devenus nécessaires. Ces besoins nouveaux impactent le rôle du manager et font évoluer son identité et ses fonctions utiles.

Constatant qu'il est difficile pour le manager d'être tantôt dans son équipe et tantôt dehors, de faire à la fois vite et à plusieurs, nous proposerons de lever ces paradoxes par des pratiques simples et efficaces visant à développer cette intelligence collective, et donner au manager des clés pour devenir un leader inspirant et innovant.

2. « Il faut travailler ensemble ! »

Avez-vous déjà entendu cette expression dans votre entreprise ou votre organisation ?

« Travailler ensemble »… que se cache donc derrière cette expression : un besoin, une injonction, une incapacité structurelle, ou une compétence nouvelle à développer?

Plus on parle du « vivre ensemble », moins il existe dans la réalité présente.

Plus on écrit les « valeurs » en grosses lettres sur le fronton des entreprises, plus on a besoin de se rassurer sur le fait qu'elles existent ou qu'elles devraient exister…Comme une feuille de route à suivre. Connaissez-vous les « valeurs » de votre organisation ? Trouvez-vous qu'elles se concrétisent spontanément au quotidien dans les comportements autour de vous ? Ou qu'elles incarnent ce qui est recherché ?

« On ne motive pas les gens avec des discours mais en respectant leurs aspirations profondes. »
Antoine Riboud, Fondateur de Danone

Une valeur satisfaite, incarnée dans notre réalité, cesse de nous préoccuper, cesse d'être un sujet. Elle est là, mais on n'en parle plus, on la vit. Point.

Travailler ensemble, donc, serait d'abord une injonction, voire une incantation. « Il faut casser les silos, dit-on ». « Il faut plus de transversalité ! ». « Il faut se coordonner en mode projet ». « Il faut communiquer entre nous ! ». Bien.

Derrière cette injonction apparemment si simple et si anodine, s'exprime la recherche d'une solution recette miracle à un besoin entendu, à un manque ressenti, à une insatisfaction.

Observons cette expression banale, et son sens commun.

« Travailler »… que cela signifie t-il exactement aujourd'hui ? Quand commence-ton, quand s'arrête-t-on de travailler ? La porosité entre vie personnelle et vie professionnelle rend la frontière moins nette, d'ailleurs y a-t-il toujours une frontière entre travail et non travail, quand des e-mails s'échangent à toute heure du jour ou de la nuit, du week-end et des jours de congés ?

En quoi consiste, aujourd'hui, pour vous, le «Travail »? Tel que vous le concevez, le réalisez, est-ce :

- ☐ Faire acte de présence dans les locaux de l'organisation ?
- ☐ Etre disponible n'importe où et n'importe quand ?
- ☐ Enchaîner des réunions ?
- ☐ Exercer un métier spécifique lié à des compétences particulières ?
- ☐ Réaliser une mission, pérenne ou temporaire ?
- ☐ Répondre à une fiche de poste ?
- ☐ Obtenir une rémunération contre un service réalisé ?
- ☐ Atteindre des objectifs individuels ?
- ☐ Contribuer à des objectifs collectifs ?
- ☐ Est-ce faire plus, que sa fiche de poste, se surpasser, sortir de son périmètre de responsabilité ?
- ☐ Autre : ....

Sans doute, avez-vous coché plus d'une case, sans doute mettez-vous derrière cette définition du travail bien plus de chose encore. Tant le travail est mobilisateur d'attentes, financières et autres, et de reconnaissance sociale. Cependant, la façon dont il est vécu est parfois en décalage avec cette conception.

Notre conception du travail …

Certes, le travail a évolué, peut-on encore le considérer comme il nous apparaissait il y a 20 ans ? En quoi la loi dite Travail concerne-t-elle purement le travail ? Ne concerne-t-elle pas essentiellement le lien de subordination employeur-salarié, l'organisation du travail, les droits liés au travail, en lieu et place du contenu et du sens du travail lui-même ?

« Ensemble », c'est donc travailler à plusieurs : avec son collectif proche, son équipe, son manager, les autres parties prenantes à la réalisation de ses missions, avec ses pairs, avec ses commanditaires, avec sa direction, sa ligne hiérarchique, sa ligne fonctionnelle, ses clients, et bien d'autres encore. Rapidement, beaucoup d'interlocuteurs sont concernés. Est-ce que le travail en solo aurait vocation à disparaitre, dans le monde hyper-connecté de l'interdépendance ? Pas si vite !... Pourquoi de plus en plus de travailleurs sont-ils « indépendants » ?

En substance, chacun naturellement travaille (ou tente de le faire) avec les « autres », contractuellement ou implicitement, en fonction des besoins de son activité, de son temps, de ses priorités, de ses missions et sa personnalité. Mais alors d'où vient le problème ? De l'organisation du travail qui segmente et isole, ou de la volonté de ses membres, qui préféreraient travailler en solo ?

Derrière cette recherche du « travailler ensemble », se cache en réalité une demande implicite de mettre en commun, d'aplanir les malentendus, d'avancer ensemble, d'inventer ensemble, et même de décider ensemble, parfois même de « gouverner ensemble ».

Un besoin de sortir du schéma « il y a ceux qui ont les idées et décident, et ceux qui exécutent, qui appliquent les décisions». Un besoin de sortir de la verticalité hiérarchique et d'aller vers plus d'horizontalité fonctionnelle. Un besoin de rassembler des forces, de remodeler des rôles pour arriver à avancer ensemble dans la même direction, de redonner au travail un sens et des résultats. Besoin pour les uns d'être écoutés, pour les autres d'être à l'écoute.

Et si cette expression était le signal d'une bonne nouvelle : travailler ensemble, nous le souhaitons presque tous (dans la limite où notre sphère intime et personnelle est garantie, dans la mesure où notre besoin d'introspection est préservé), mais concrètement, nous trouvons que ce n'est pas si facile à mettre en œuvre, que nos conditions de travail rendent cette tâche ardue, voire désagréable. L'être humain, animal social, a modelé un monde du travail où parmi tous ses collègues, dans des organisations toujours plus grandes, il se sent solitaire, isolé, insatisfait. Un monde social où malgré les réseaux sociaux, toujours plus nombreux, toujours plus présents, la solitude est le sentiment qui tend à être le mieux partagé. Et c'est l'insatisfaction qui nous pousse à changer.

Mais quel est ce monde professionnel qui nous pousse à vouloir à priori « travailler ensemble » ?

Dans son ouvrage « Manager dans un monde sans visibilité », Corinne Samama nous explique ce monde professionnel devenu « new normal », cette nouvelle normalité où le retour à la normale n'existe plus. Où il est difficile d'accepter que l'état stable et familier que nous avons connu ne revienne plus.

Le changement et l'incertitude font désormais partie de notre quotidien, professionnel et personnel. L'entreprise change en permanence : rachat, fusion, délocalisation, déménagement, réorganisation, nouveaux métiers, nouveaux secteurs, nouveaux dirigeants, nouvelles méthodes, nouvelles fonctions, nouveaux rattachements… Connaissez-vous la réorganisation permanente ? Si tôt qu'un nouvel organigramme est officiellement communiqué, après avoir été attendu fébrilement de nombreux mois, qu'un nouveau est annoncé se préparer… Avec, à chaque fois à la clé, la question : En quoi mon travail et mon organisation vont changer ? Où vais-je atterrir ? Qui sera mon nouveau manager ? Quelle sera ma nouvelle autonomie ?

Le règne de l'incertitude est émotionnellement difficile à supporter.

Ce monde nouveau exige de nous une remise en cause et une adaptation collective et individuelle permanente de nos modes de fonctionnement.

Dans ce contexte-là, retrouver des mécanismes d'entraide et de solidarité est un besoin naturel, se sentir appartenir à une communauté qui vit le même système, est une forme de réassurance.

Nous verrons dans le chapitre suivant quels regards porter sur nos modes de management actuels, quels sont les symptômes de dysfonctionnements et les signaux de fonctionnement. Nous verrons l'origine de ces modes d'organisation du travail dans l'ère industrielle, comment et pourquoi ils sont devenus obsolètes, quels enjeux nous obligent à changer pour nous adapter.

"**Nous avons à vivre non point dans un monde nouveau dont il serait possible au moins de faire la description, mais dans un monde mobile, c'est-à-dire que le concept d'adaptation doit être généralisé pour rester applicable à nos sociétés en accélération.**" Gaston Berger (1896-1960), philosophe directeur général de l'enseignement supérieur au ministère de l'éducation nationale, Education et prospective

3. Pourquoi changer de modèle de management ?

a) Nos modes de management actuels sont-ils adaptés?

Autant vous donner tout de suite la réponse à l'origine de ce livre : Nos modes de management ont vécu, autrefois adaptés au monde du travail, ils se révèlent aujourd'hui en profond décalage avec l'évolution de la société, notamment sous l'influence technologique et la rapidité de l'accès à l'information. Certes les organisations évoluent, les exceptions existent et nous en prendrons connaissance plus tard, comme sources d'inspiration. Si autrefois (c'est à dire il y a une vingtaine d'années), l'information faisait le pouvoir, aujourd'hui le pouvoir circule entre toutes les mains.

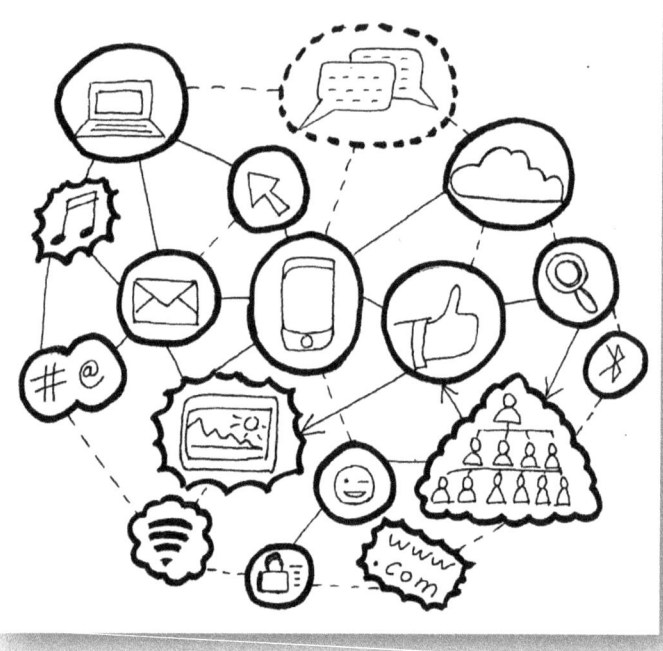

L'information ne fait plus le manager

Et vous, en pratique:

Quel regard portez-vous sur le mode de management dominant des entreprises que vous connaissez ?

En un mot, vous diriez, pour le caractériser, qu'il est plutôt :

....

Quels avantages lui trouvez-vous ?

....

Quels manques ressentez-vous ?

....

Du point de vue des décideurs traditionnels, les dirigeants et les managers eux-mêmes pointent les symptômes d'un mode de management traditionnel en difficulté. Ils constatent et expriment la difficulté à obtenir, à faire faire, d'où les questions sur l'engagement, la motivation, etc. Qu'ils insistent sur le manque de communication, le manque de réactivité, de synchronisation, le cloisonnement des activités, les difficultés à réagir assez vite face à la concurrence, l'inertie à faire évoluer nos modèles sociaux, nos relations du travail, le désengagement de nombreux salariés, voire leur utilisation personnelle du système…. On pourrait rapidement voir là le lien avec une organisation du travail venue du passé et aujourd'hui largement dépassée à répondre aux attentes des salariés de 2017. En tout cas, nos organisations traditionnelles sont vécues comme sclérosantes, étouffantes, paralysantes et contre-productives… Dans une vision systémique, difficile de dénouer les causes de leurs effets.

Du point de vue des salariés, le constat est partagé d'une inadaptation du management, mais les symptômes sont différents : temps record passé en nombreux reportings et réunions à faible valeur-ajoutée, sentiment d'oppression, et de sur-contrôle des activités à réaliser, organisations peu claires sur les responsabilités, micro-management et injonctions paradoxales multiples, sentiment d'urgence permanent, pression managériale toujours plus forte sur la réduction des coûts et des délais, stress qui s'installe durablement, manque de temps pour réaliser sa mission, difficulté à faire face à la charge de travail, collègues qui craquent… Arrêtons là, vous voyez de quoi je parle.

Comment en est on arrivé là ? (C'est généralement la question que l'on se pose quand, telle la grenouille immergée dans une casserole d'eau en train de bouillir, on prend soudainement conscience que la situation n'est plus vivable, alors que l'on avait toléré la montée progressive de la température sans broncher) Et pourquoi la situation ne cesse de s'empirer ?

Revenons sur l'organisation actuelle du travail.

Deux grandes tendances expliquent que la fonction de management s'est « procédurisée » et « automatisée » : cette double influence nous vient de la segmentation (rationalisation) du travail en premier lieu, (nous reviendrons sur le contexte historique qui en est à l'origine), et de l'essor des nouvelles technologies, dans un contexte segmenté et hiérarchisé.

Le management se veut par son histoire, contrôle et maîtrise, là où l'homme et l'environnement sont devenus fluctuants et instables dans le monde « new normal ».

Quand les organisations, les entreprises se sont développées jusqu'à atteindre des tailles de géants, la bureaucratisation s'est installée pour garder le contrôle. Comme le rappelle I. Getz dans Liberté & Cie, une organisation à taille humaine est limitée à 150 personnes. C'est la cote d'alerte selon bill Gore, fondateur de Gore, (inventeur du Goretex) et leader de l'entreprise libérée. Au-delà, on ne peut plus connaître tout le monde, donc le système crée des mécanismes de surveillance et de contrôle.

Le management s'est par conséquence par étapes déshumanisé : en perdant le lien humain, le contact direct de personne à personne. Les outils technologiques (mail, internet, smartphones, portails, outils de partages, documents word, présentations power point…) et les processus qualité sont venus s'intercaler entre les personnes qui décident et celles qui réalisent, dans leur dialogue naturel, devenu progressivement inexistant. Le fossé s'est creusé, notamment entre les managers de proximité et les managers de managers. Si l'on souhaite caricaturer la situation, aujourd'hui au lieu de se déplacer jusqu'au bureau de son collaborateur pour lui demander un renseignement, il est plus naturel pour le manager « moderne » de lui envoyer un mail et de s'étonner de ne pas avoir de réponse immédiate… Je suis sûre que cette situation ne vous est pas totalement inconnue !

En synthèse, nous faisons face, d'un coté, à un management traditionnellement contrôlant et procédurier, de l'autre, à un environnement fluctuant complexe et difficilement anticipable. Entre les deux, des salariés quant à eux écartelés, cherchant à résoudre une équation insoluble, au prix parfois d'une grande souffrance ou d'un détachement ou désengagement.

b) Une organisation du travail qui date du 19ème siècle

« **Les problèmes d'aujourd'hui viennent des solutions d'hier** » , Peter Senge, professeur de management et auteur américain, inventeur du concept d'organisation apprenante

Si nous faisons un bref retour sur les racines historiques de l'organisation du travail, nous comprenons mieux cette situation.

Nos organisations du travail sont les héritières du 19ème siècle, âge d'or de la révolution industrielle, où l'usine symbolisait à la fois le développement économique et le progrès social.

L'organisation du travail introduite dans les ateliers des usines est basée sur la gestion rationalisée du travail : le taylorisme, méthode de travail inventée par Frederick Winslow Taylor (1856-1915), ingénieur américain, reposait sur une organisation scientifique du travail (OST) grâce à une division du travail, à une analyse détaillée des modes et techniques de production et de contrôle (gestes, rythmes, cadences, …) dans le but d'obtenir la meilleure façon de produire, de rémunérer, et donc le meilleur rendement possible. Ajoutons que Taylor avait la conviction et la volonté de faire converger les intérêts des dirigeants et des exécutants pour une paix sociale durable. La limite à cette rationalisation totale du travail est d'avoir supprimé toute autonomie et toute initiative, aux salariés dits exécutants, en postulant d'une dichotomie entre le cerveau (les dirigeants) et les mains humaines (les salariés exécutants), au travail.

Dans la suite des travaux de Taylor, en complémentarité, Henri Fayol, ingénieur français, a pensé la fonction de commandement dans une véritable doctrine administrative où il énonce 11 principes généraux dont notamment l'autorité hiérarchique unique et la chaine hiérarchique vue comme une unité de commandement.

Fayol, puis Max Weber par la suite avec sa théorie de la bureaucratie, peuvent être considérés comme les concepteurs du modèle de l'entreprise pyramidale, telle que nous la connaissons, et qui a été pensée il y a donc environ 100 ans.

L'organisation du travail vient des ateliers d'usine

Ce modèle caractérisé par la « segmentation » des activités, la « spécialisation » des exécutants, l'unité de lieu et de temps du travail, l'unité de commandement hiérarchique est-il toujours adapté, quand les projets se veulent « transverses », les salariés « polyvalents », « flexibles » et « employables », le temps de travail « modulable », les hiérarchies de « double rattachement » ?

Si vous avez commencé à travailler avant les années 2000, alors vous avez vécu l'arrivée de la boite mail, l'arrivée des téléphones portables, puis l'arrivée des smartphones comme autant de changements notables dans la façon d'organiser le travail (tout comme la vie personnelle d'ailleurs), vous avez vécu un avant et un après.

Après la révolution industrielle, la révolution technologique. Et comme la précédente, elle remet en cause l'organisation du travail sans pour autant arriver à totalement supplanter nos modes de fonctionnement traditionnels.

c) Un modèle à bout de souffle

« **Se réunir est un début, rester ensemble est un progrès, travailler ensemble est la réussite**. » Henri Ford, industriel de la première moitié du xxe siècle et le fondateur du constructeur automobile Ford

Le décalage entre le management traditionnel, hiérarchique et descendant, et le fonctionnement en réseau, horizontal et interconnecté, peut paraître absurdes aux nouvelles générations.

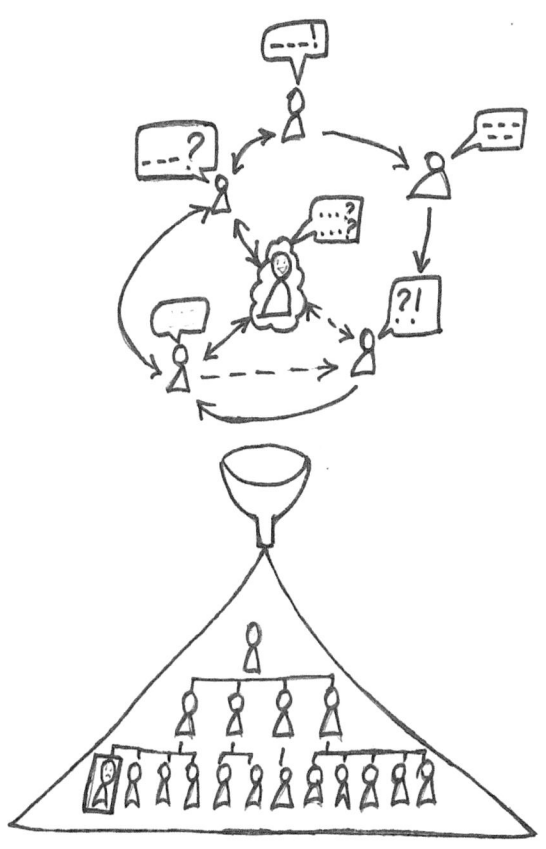

Comment rentrer dans la case d'un triangle quand on est né dans une toile d'araignée ?

Ces générations ont grandi dans la culture de l'accès à l'information, au savoir, et de la liberté de s'exprimer, de penser et d'agir. Les technologies ont permis de fluidifier la circulation de l'information, d'horizontaliser la communication. Les nouvelles générations ont toujours fonctionné ainsi. Mais pas leurs aînés qui ont adopté les « codes de la hiérarchie » avec leur entrée dans le monde du travail, en s'imprégnant de la culture dominante du « comment » et en abandonnant progressivement leur « pourquoi ». Dans Liberté & Cie, I.Getz utilise la métaphore des macaques et de la banane pour illustrer notre passage d'une vision naturelle de remise en cause des habitudes existantes (« pourquoi ») à un monde du « comment » et explique les secrets de la longévité de la culture « comment » : Comme les singes de l'expérience, les salariés ne savent plus pourquoi il est interdit d'attraper la banane, et si l'un d'entre eux, nouvel arrivé, s'y risque, les autres, les anciens, déjà initiés, sauront lui en faire passer l'envie.

Le monde du travail en entreprises reste majoritairement celui de l'ère industrielle, de la rationalisation de taches, du découpage des périmètres, de l'organigramme de responsabilités, et des processus. Même si l'industrie ne représente plus la majorité des entreprises. Même si les entreprises ont recherché à travers des organisations dites « matricielles » une voie d'évolution au 'tout vertical', elles ont de ce fait mis en place une double hiérarchie, et multiplié la complexité, et les injonctions divergentes qui pèsent sur les salariés concernés.

Dans le monde professionnel de l'ère industrielle, « on dit ce qu'on fait », une fois pour toutes, et « on doit faire ce qu'on a dit », quel que soit le contexte. Tout est décrit dans la façon d'exécuter, tout est contrôlé et segmenté.

Or, cela a cessé de fonctionner quand les problèmes apparus sont devenus complexes, quand l'organisation figée ne parvient plus, en appliquant des processus usuels à résoudre des situations nouvelles inédites dans son histoire. Ces problèmes nouveaux nécessitent à présent une mise en commun de compétences, de savoirs, de questionnements, un renouveau d'idées, une prise de risque, et une sortie de la zone de confort. Quand il est nécessaire de sortir de sa zone de responsabilité en silo, pour réagir vite, être créatif, souple, s'adapter à un environnement extérieur nouveau. Réagir vite et différemment est souvent incompatible avec des processus informatisés de validation en chaine, où l'absurdité rivalise parfois avec le ridicule, quand il faut demander la validation de 4 managers pour changer une virgule dans un document word… Kafka n'était pas si loin de la réalité !

La recherche du risque Zéro sclérose encore un peu plus le management dans une posture d'attentisme prudent et de contrôle généralisé. Mais ce qui ne grandit pas, ne se développe pas, et finit par mourir…

Nous sommes formatés pour « faire toujours plus de la même chose », pensant ainsi aller dans le sens du progrès taylorien. L'expression nous vient de Paul Watzlawick, psychologue, docteur en philosophie et philologie, inventeur de la théorie de la communication et du constructivisme radical, membre fondateur de l'École de Palo Alto: « faire toujours plus de la même chose conduira invariablement au même résultat ».

Pour illustrer ce que «faire toujours plus de la même chose » finit par produire, rappelons nous des échecs passés pour en tirer quelques enseignements.

d) L'exemple de KODAK

Pour les amateurs de photographie dont je fais partie, comment ne pas avoir un brin de nostalgie à l'évocation de cette marque emblématique des années 1980, au K affirmé, au Jaune or symbole du siècle de l'image. Son fondateur, George Eastman, inventa le rouleau de pellicule photographique puis l'appareil de poche, mit cet art à la portée du plus grand nombre, et en collaboration avec un autre grand inventeur, Thomas Edison, inspira l'industrie du cinéma. Comment ne pas ressentir une énorme admiration envers les « créateurs » de Kodak qui ont rendu possible avec le Kodachrome, de conserver une trace papier des évènements passés de nos mémoires collectives, de la conquête spatiale à tant d'autres moments de notre histoire personnelle …

Mais revenons à l'histoire de cette firme américaine : en 1975, elle invente l'appareil photo numérique, en dépose le brevet mais ses dirigeants, par peur du changement, par crainte de perdre leur technologie phare, l'argentique, refusent de prendre le virage du numérique et laissent filer cette technologie du futur chez les concurrents, qui s'en saisiront et réussiront dans les années 2000 à transformer l'idée en réalité.

Avant que l'entreprise ne sombre dans la faillite et le dépôt de bilan en 2012, le management de Kodak aura, au fil des décennies, laisser passer bien d'autres initiatives prometteuses issues de ses propres ingénieurs: la photocopieuse, le Polaroid…

Que nous enseigne l'histoire de Kodak ? Que les bonnes idées ne rencontrent pas toujours une oreille attentive ? Que la peur de prendre des risques en lançant un produit ou un service nouveau finit par faire le bonheur des concurrents et conduit à la perte ? Que si l'on continue à « faire toujours plus la même chose », il arrive un moment, où ce n'est plus suffisant pour survivre. Les idées pour l'avenir viennent de vos salariés, de vos experts, de vos ingénieurs, de ceux et celles qui sont au service de votre entreprise avec la passion de leur métier et ne demandent qu'à contribuer à son développement. Vous avez des trésors autour de vous, qui ne demandent qu'à être dénichés ! Et à révolutionner votre activité.

Le modèle industriel, adapté pour reproduire, ne fonctionne plus aujourd'hui quand il s'agit d'innover. Le renouveau vient alors des personnes qui ont des idées et ce peut être n'importe qui dans vos équipes.

Comment devenir un manager dénicheur d'idées ? Comment autoriser vos équipes à avoir des comportements pro-actifs ?

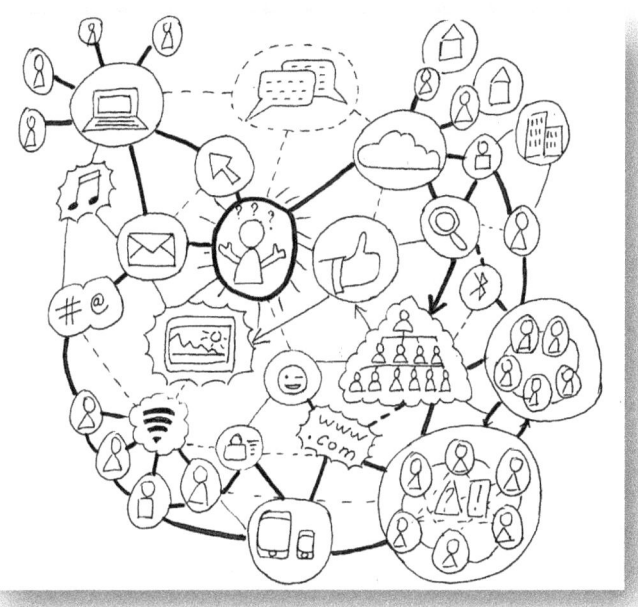

Le manager dénicheur d'idées dans un monde ouvert

e) Que cherche-t-on à faire évoluer ?

« **Une organisation est avant tout un ensemble de comportements humains** » François Dupuy,
sociologue des organisations

De nouveaux défis se présentent et poussent à changer de comportements, à « travailler ensemble (mais surtout) autrement ».

Trouver des nouveaux clients est un défi. Fixer le bon prix de vente est un défi. Maintenir l'emploi est un défi. S'adapter au contexte géopolitique est un défi. Se renouveler est un défi. Envisager l'avenir est un défi. Préserver la santé au travail est un défi.

Ces défis bousculent les habitudes des organisations dont la logique historique, est basée sur ce qui a fonctionné dans le passé, dont le fonctionnement est statique, figé sur un organigramme. Monsieur Untel est chargé de la conception de telle pièce, Monsieur Machin de la production, Madame Untelle de la commercialisation de cette pièce, etc., chacun dans sa case où il est mal vu et mal venu de sortir ! En réalité, tous contribuent à chacun de ces défis.

Ces défis bousculent nos certitudes sur le comment faire. Nous devons faire évoluer notre organisation, et notre façon de manager pour répondre à de nouveaux enjeux. Créer une organisation vivante, ou dépérir pour laisser place à d'autres organisations !

f) Plus de transversalité, face à la complexité

Qu'il est difficile de tout savoir et d'être expert en tout !

Face à un problème complexe et soudain, qui n'a pas ressenti qu'une personne seule se trouve souvent démunie pour faire face, pour trouver une solution complète et adaptée?

Aujourd'hui il est souvent question de complexité, notion qui reste difficile à définir en fonction du champ d'application. Les environnements professionnels sont devenus des systèmes sociaux dits « complexes », car ils intègrent des valeurs différentes, des visions, des systèmes de pensée, des référentiels, des objectifs différents, et que chaque paramètre influençant les autres, il peut de ce fait remettre le système en question.

Les organisations humaines ont besoin d'ordre et de cohérence pour fonctionner, or les relations interpersonnelles et les intérêts individuels qui peuvent être divergents ont tendance à produire des interactions difficiles à anticiper, soit positives et créatrices, soit négatives et inhibitrices.

Edgar Morin, sociologue et philosophe français, père de la « pensée complexe », exprime une forme de pensée acceptant les imbrications entre chaque domaine et la transdisciplinarité. Le terme de complexité est pris au sens premier de son étymologie, à savoir « complexus » qui signifie « ce qui est tissé ensemble » dans un enchevêtrement d'entrelacements (plexus). Dans cette vision complexe, le principe systémique est clairement identifié et s'applique à l'organisation : « le tout est plus que la somme de ses parties », car les interactions, les relations viennent ajouter de la valeur par rapport à une organisation segmentée.

Chez Toyota, la procédure est reine, cependant, dans la démarche de TQM (Total Quality Management), tous les salariés sont appelés à participer à réduire les écarts entre la norme prescrite et la réalité vécue, car ce sont eux les mieux placés pour participer à améliorer le système si celui-ci dysfonctionne. Malgré le type bureaucratique de l'entreprise, la conviction que les salariés sont au cœur de l'amélioration du système et ont à cœur de l'améliorer, permet de concilier rigueur et innovation.

Face au défi de la complexité, exit le management hiérarchique pyramidal, et l'organisation par fonctions, bienvenu au management transversal et à l'organisation par projets.

Dès les années 1980, les entreprises ont commencé à s'intéresser au management dit transversal, critiquant la rigidité et la lourdeur bureaucratique du management traditionnel « top-down », littéralement du haut vers le bas, inadapté comme nous l'avons vu à faire face à la mobilité et à la complexité. La transversalité revient à rechercher la complémentarité et la fluidité: le manager transverse ou aussi fonctionnel est souvent nommé chef de projet et son rôle consiste essentiellement à coordonner, à faciliter le dialogue, la communication, le partage d'informations, à décloisonner les silos, à faire « travailler ensemble ». Nous reviendrons sur les limites du management par projet en terme de prises de décisions…

g) Plus de réactivité, face à la concurrence des marchés

Pour être le premier sur le marché, il faut faire vite. Au moins plus vite que les autres !

Constatons que mathématiquement, trop d'échelons hiérarchiques nuisent à la rapidité de la décision. D'autant plus que pour des décisions impliquant plusieurs services, plusieurs fonctions, qui va prendre la responsabilité ? Le plus haut manager de la chaine ? Comme nous l'avons vu, la prise de risques inhérente à toute décision peut paralyser le manager face à des responsabilités qui le dépassent. Et parfois, ne pas décider est une forme de décision.

« **Choisir, c'est renoncer.** » André Gide (1869-1951), auteur français

Etre réactif, c'est décider vite et renoncer au « risque Zéro ». Donc accepter le droit à l'erreur. Réagir vite implique de repositionner le pouvoir de décision.

Pour le manager, cela impose de savoir lâcher une partie de son pouvoir de décision, pour le remettre aux personnes qualifiées au plus près des situations et du terrain. Formidable occasion de responsabiliser son équipe : Le manager aujourd'hui répond ainsi à une demande des salariés, laisser de l'autonomie de décision et une marge de manœuvre à ses collaborateurs, tout en s'assurant de l'atteinte des résultats et du bon déroulement des activités.

Oui, mais… Décider, traditionnellement est une 'pérogative' du manager. Il légitime ainsi son rôle : en prenant des décisions. Par rapport au principe de prise de décision, pour faire face à la complexité, et augmenter la réactivité de l'organisation, le manager peut toutefois décider de responsabiliser son équipe, de repositionner le niveau de prise de décision. Pour cela, deux logiques managériales sont possibles : la délégation ou la subsidiarité.

Revenons un instant sur ces deux logiques antagonistes, leurs définitions et leurs impacts.

- **La délégation, logique descendante: "top down" du haut vers le bas**

✓ La délégation consiste à <u>confier</u> <u>une mission ou une activité</u> à l'un de ses collaborateurs en lui donnant le <u>pouvoir d'agir</u>, mais en continuant à <u>assumer la responsabilité</u> du résultat final.

✓ Le manager transfère alors une partie définie de son pouvoir de décision à l'un de ses collaborateurs pour que ce dernier puisse prendre ou faire prendre les décisions nécessaires à la bonne réalisation de la mission ou de l'activité confiée.

✓ Dans le cadre d'une délégation, le manager précisera à son collaborateur, son autonomie à prendre les <u>décisions définies</u> dans un <u>cadre donné</u> pour <u>une période de temps donné</u>.

- **La subsidiarité, logique remontante: "bottom up" ou du bas vers le haut**

✓ Inversement, le principe de subsidiarité <u>positionne a priori le pouvoir de décision le plus près possible de l'action</u>. Il consiste à attribuer chaque mission, activité ou responsabilité au niveau le plus à même de l'exercer. Cela consiste à mettre la décision au plus près du « terrain », au plus près de la connaissance des choses, et de l'exécution des tâches.

✓ Pour cela, il donne au collaborateur <u>a priori tout pouvoir de décider</u> à <u>l'exception</u> de ce qui relève du niveau supérieur, du manager, exception qui sera précisée.

✓ L'application du principe de subsidiarité conduit à formaliser uniquement les décisions prises par le manager.

✓ le principe de subsidiarité peut se révéler utile et adapté pour les situations imprévisibles, avec une forte incertitude couplée à un temps de réaction réduit, par exemple.

Le principe de subsidiarité, ou délégation à rebours, n'est pas nouveau : historiquement, c'est St Thomas d'Aquin, théologien du XIIIème siècle, qui s'est intéressé aux méthodes de gouvernement et à ce principe que toute autorité part de la base et non du sommet. Le PDG n'est qu'un « porteur d'eau » : ne lui reviennent que les décisions et les tâches que les personnes en dessous de lui n'ont pu ou voulu prendre, parce qu'ils ont conscience qu'elles les dépassent en terme d'enjeux, de complexité, etc....

h) Plus d'engagement des salariés, face aux attentes du client

Traditionnellement, la relation avec les clients a été assurée par des services dédiés : commercial, marketing, etc… Cependant, ces dernières années, une révolution culturelle redonne place au client à l'intérieur de l'entreprise : tous les salariés doivent prendre conscience de l'impact de leur travail sur la satisfaction du client. Cependant, avec la segmentation des activités, chaque poste de travail est devenu un maillon dans la chaine de production du service ou du produit, et parfois le lien avec le client est très lointain. Voire même, dans certains cas, d'activités dites « support », le sens de son activité avec la relation client est mince. Et pourtant, ce sens est nécessaire pour l'engagement des salariés, si recherché depuis ces dernières années par les managers.

Concrètement, vos équipes savent elles ce qui est attendu d'elles par vos clients ?

....

....

Se sentent elles investies de leurs missions ? Comment évaluez-vous leur engagement?

....

....

Leur permettez-vous l'accès à cette information ? Comment?

....

....

i) Plus d'innovation, face au besoin de différenciation

Comment avoir des idées nouvelles quand tout semble avoir été inventé ? Chez Kodak, ce ne sont pas les idées nouvelles qui manquaient, mais leur juste considération par le management. Aujourd'hui, un management trop pyramidal peut vite être dissuasif : combien d'échelons faudrait-il convaincre, quand un seul bloquage suffira à reléguer l'idée au placard ? Le système pyramidal, s'il est constitué de (trop) nombreux niveaux hiérarchiques, nuit globalement à l'innovation, à l'autonomie et à la responsabilisation : quand mon idée a été « retoquée » (plus ou moins poliment, avec plus ou moins de respect et plus ou moins d'argumentation), que vais-je faire de ma prochaine nouvelle idée ? Certainement pas la proposer, par crainte d'un nouveau refus… Or, ce qui ne se développe pas ou ne se renouvelle pas dans un monde ouvert, finit par décliner et disparaître. Par être remplacé. L'innovation est devenue un critère de survie. Nous verrons par la suite des pistes pour faire évoluer son organisation en ce sens.

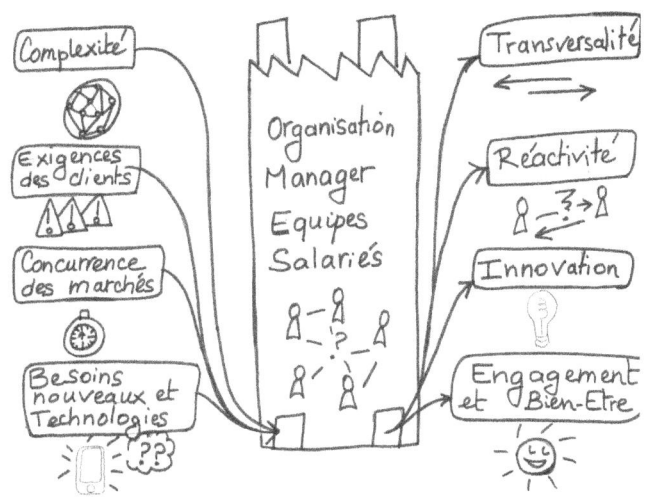

Faire évoluer l'intérieur en réponse à l'extérieur ?

j) Garder ce qui fonctionne

Pas question cependant de faire table rase du passé. Que d'apprentissages et de réussites à garder en mémoire. Dans toute organisation, l'histoire collective révèle à travers les échecs et les réussites, les évènements marquants, une solide base d'apprentissages. Prendre le temps de la « redécouverte » est d'ailleurs la première étape constructive au changement, comme nous le verrons au chapitre 7 dans la démarche d'accompagnement du changement appelée « démarche appréciative ».

Et vous, dans le système managérial traditionnel, que trouvez-vous utile de conserver?

....
....

Dans quelles situations ce management est-il pour vous adapté?

....
....

Quelles réussites collectives souhaitez-vous garder en mémoire?

....
....

Qu'est-ce qui a permis de les atteindre?

....
....

4. D'internet à l'intelligence collective : le collaboratif entre dans les organisations

a) Emergence de l'économie collaborative

Le terme d'économie collaborative est assez récent, c'est en 2010, que Rachel Botsman et Roo Rogers l'ont popularisé dans leur livre « What's Mine Is Yours, The Rise of Collaborative Consumption ».

L'économie collaborative est, par définition, une économie de « pair à pair », qui repose sur le partage ou l'échange entre particuliers de biens (voiture, logement, parking, perceuse, etc.), de services (covoiturage, bricolage, etc.), ou de connaissances (cours d'informatique, communautés d'apprentissage, etc.), avec échange monétaire (vente, location, prestation de service) ou sans échange monétaire (dons, troc, volontariat), généralement par l'intermédiaire d'une plateforme numérique de mise en relation. Les technologies numériques ont eu un impact considérable déterminant dans cet essor.

De l'hébergement aux loisirs, les applications de l'économie dite collaborative se développent sans cesse. Wikipedia a montré le chemin. Ce qui constitue tout de même une nouvelle petite révolution : Mettre en commun et trouver des complémentarités, un concept simple et complètement d'actualité dans une société hyperconnectée… Qu'en est-il dans le monde du travail ? Les entreprises proposent à leurs salariés des services de mise en relation pour du co-voiturage, de la co-location, du prêt d'outil, etc… mais en ce qui concerne le travail lui-même : quelle part est réservée au collaboratif ?

Qui n'a pas mesuré qu'une équipe où chacun travaille dans son coin n'a pas le même résultat qu'une équipe qui travaille en lien les uns avec les autres où l'on peut faire appel aux uns et aux autres en fonctions de nos besoins et de leurs expertises? Ce qui a encouragé l'essor des open space (pour le meilleur et pour le pire !)

Qui n'a pas observé que la mise en commun des « prestations intellectuelles », des « intelligences » au sein d'un groupe était supérieure à la simple somme des intelligences individuelles ? Que $1+1>2$! Les interactions entre les personnes décuplent idées, analyse, réflexion. C'est une expérience que l'on réalise quand on participe par exemple à un brainstorming, où l'on se surprend à avoir des idées que l'on n'aurait pas eu, dans un simple échange de mails, sans l'émulation d'un groupe et le bouillonnement des échanges …

b) Quelle performance recherche-t-on aujourd'hui ?

Quand nous parlons de performance en entreprise, nous sous-entendons systématiquement un objectif de résultats, et d'évaluation individuelle.

Dans les années 1990, la performance individuelle a été modélisée avec les travaux de Campbell, ainsi que ceux de Borman et Motowildo. Ils ont identifié deux types de performance : Les performances « dans la tâche » et « contextuelle » représenteraient ainsi deux dimensions de la performance individuelle au travail prises en considération par les supérieurs lors de l'évaluation de la performance de leurs subordonnés.

Selon les chercheurs, la performance dans la tâche couvre des comportements « prescrits », c'est-à-dire l'ensemble des activités de travail qui sont décrites dans les référentiels d'emplois et de compétences, les attendus. Plus précisément, elle concerne l'exécution des tâches et des activités qui contribuent directement ou indirectement, à l'accomplissement des objectifs organisationnels.

Les auteurs proposent d'y adjoindre le concept de performance contextuelle, qui correspond à l'ensemble des comportements qui contribuent à l'efficacité organisationnelle par leurs effets sur le contexte psychologique, social et organisationnel du travail. Egalement nommée « performance citoyenne » par Coleman et Borman dans les années 2000, elle consiste en des contributions qui soutiennent l'environnement global.

La performance contextuelle a été modélisée selon cinq dimensions, qui répondent à 5 tendances de comportements:

1. Persister avec enthousiasme et déployer des efforts pour accomplir ses tâches avec succès ;
2. S'engager volontairement dans des tâches et activités qui ne font pas formellement partie de son travail ;
3. Aider et coopérer avec les autres ;
4. Suivre les règles et les procédures organisationnelles ;

5. Approuver, défendre et soutenir sincèrement les objectifs organisationnels.

Les comportements de performance contextuelle ou citoyenneté organisationnelle sont aujourd'hui majeurs ; ils devraient être considérés comme partie non négligeable de la performance au travail car ce sont des comportements volontaires (spontanés) et novateurs, qui participent à l'efficacité organisationnelle.

Et vous, en pratique:

Dans quelle situation/quels cas penseriez-vous utile de travailler et d'échanger en collaboratif avec des collègues?

Avec des "pairs"? Avec des experts?

....

....

....

....

....

c) Mode projet et méthodes agiles

Le mode projet, les organisations en 'plateaux', ont été une première avancée pour faire contribuer des personnes de services différents et de compétences différentes, à l'atteinte d'un objectif commun, dans un temps donné, avec des moyens et une qualité attendue.

Le fonctionnement en « mode projet » se distingue du fonctionnement traditionnel dit en « processus » ou « métier » en ce sens qu'il n'est pas destiné à être répété ni pérennisé et a une durée limitée, là où le mode standard par processus métier est destiné à durer.

Le mode projet permet de maîtriser les coûts et les délais d'un changement. Il permet d'organiser sous l'impulsion du chef de projet la coordination des acteurs, leurs mises en relation en groupes de travail. Il permet d'anticiper les impacts d'un projet, les risques et opportunités, il organise et séquence le travail, il permet de piloter et de suivre l'avancement.

Dans certaines situations, certains contextes, l'utilisation abusive du mode projet a dénaturé sa valeur ajoutée : il est devenu un recours facile pour instaurer contrôle et reporting, au détriment du temps dédié au travail de création collective, voire une façon de se décharger d'une question épineuse et de ses propres responsabilités…

François Dupuy qualifie même ce recours systématique au mode projet comme une « catastrophe managériale majeure », une façon de déléguer à un chef de projet sans autorité ni moyens la lourde tache de « faire travailler ensemble » des personnes de services différents. Si vous avez tenu des postes de chefs de projets, peut-être avez-vous rencontré la difficulté de conduire à une prise de décision. L'absence de réactivité lors de la prise de décision conduisant à un dépassement des délais, des coûts, et à des projets aboutissant après des années de débats dans un contexte tellement différent de la situation de départ qu'il en devenait inadapté !

Donc, face à ces dérives, à ce « phénomène d'effet tunnel », où le produit est livré longtemps après avoir été défini, les méthodes projets sont devenues « agiles ». Initialement utilisées pour le développement informatique (conception de logiciel), dans les années 2000, les méthodes agiles se veulent plus pragmatiques que les méthodes traditionnelles. Elles recherchent à impliquer au maximum le demandeur (client) pour une grande réactivité face à ses demandes. Elles visent la satisfaction réelle du client en priorité.

Les méthodes agiles reposent sur une structure (cycle de développement) itérative, incrémentale et adaptative. Elles doivent respecter quatre valeurs fondamentales, qui sont :

- priorité à un produit qui fonctionne plutôt qu'une documentation détaillée,
- des interactions entre individus pour une équipe soudée qui communique, plutôt que des processus préétablis
- la collaboration avec le client, plutôt que des négociations contractuelles
- la flexibilité au changement, plutôt que le suivi d'un plan prédéfini.

Parmi les 12 principes fondateurs de ces méthodes, décrits dans le Manifeste Agile de 2001, on retiendra les deux suivants, faisant émerger la notion de collaboratif:

- Le projet doit impliquer des personnes **motivées**. Donnez-leur l'environnement et le soutien dont elles ont besoin et faites leur confiance quant au respect des objectifs.

- La méthode la plus efficace pour transmettre l'information est une **conversation en face à face**. Le dialogue en direct, l'oral est privilégié à l'écrit.

L'évolution remarquable entre le mode projet et les méthodes agiles, reflète globalement l'évolution souhaitable en entreprise autour du « travailler ensemble » : se centrer plus sur l'humain, au sein de l'équipe, et face aux clients, accepter l'empirisme, c'est à dire d'apprendre en faisant, de s'améliorer, se mesurer, se challenger. Nous allons voir à présent en détails les différences entre coordination et coopération, et comment passer de l'une à l'autre ?

d) De la coordination à la coopération

La coordination, fonction clé du management, consiste à organiser la meilleure répartition et le suivi de réalisation de tâches pré-définies pour des personnes déterminées dans le but d'optimisation d'un objectif donné. Cela correspond à une fonction traditionnelle nécessaire à l'organisation scientifique du travail. C'est

Henri Fayol qui, le premier, a insisté sur l'importance de la coordination au sein d'une entreprise.

La coordination est assurée par une personne (manager ou chef de projet) qui prescrit et vérifie que les actions soient exécutées par les personnes désignées, dans les délais impartis et en utilisant les moyens définis.

Une fois la répartition des rôles et des responsabilités faites, la coordination apporte un gain de temps important, de la sécurité dans la mise en œuvre et pour les acteurs.

La coopération, quant à elle, est un état d'esprit, un mode de comportement, un mode de relation où les individus participent volontairement à un travail commun. Elle permet de mettre en commun des compétences et de s'apporter entraide et solidarité en conjuguant talents et intelligences individuels.

Dans les deux cas, un travail collectif est réalisé. Ces deux manières de travailler en groupe sont complémentaires et nécessaires, mais nos organisations aujourd'hui reposent essentiellement sur des modes de coordination, qui sécurisent, et encore assez peu de coopération, qui permet d'innover.

Tableau issu du Blog du management/ Jacques Isoré/2014

Coordination	Coopération
Centrée sur l'organisation	Centrée sur les hommes
Nécessaire quand il faut mettre l'accent sur l'anticipation et la planification	Nécessaire quand il faut mettre l'accent sur la créativité et l'implication
Valorise le rôle de chacun	Valorise la production du groupe
Nécessite de la concentration et de l'analyse	Nécessite de l'écoute et de la remise en question
Apporte de la sécurité	Apporte de l'innovation
Centrée sur le résultat, compatible avec un style de management directif ou persuasif	Centrée sur la mobilisation du groupe, compatible avec un style participatif
Agit sur la cohérence de l'ensemble	Agit sur la cohésion de l'ensemble

Une collaboration d'équipe est le fruit de ces deux mécanismes, qui combinés permettent d'accroitre à la fois la performance globale et la motivation individuelle.

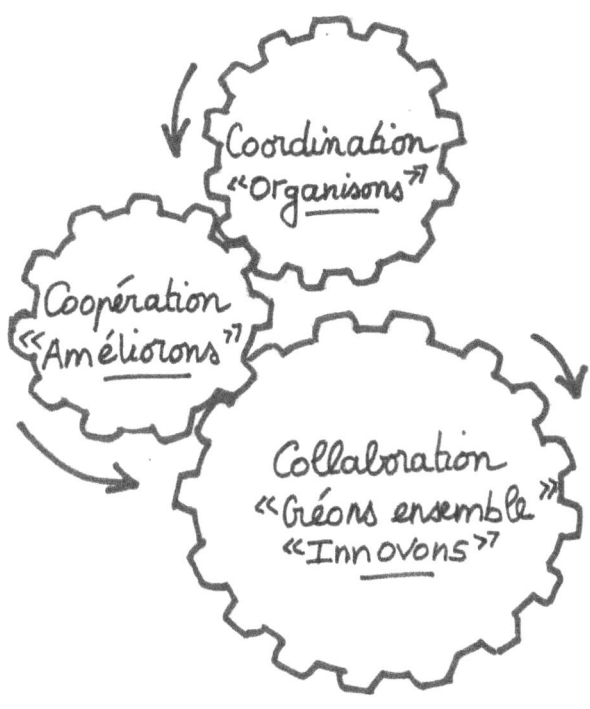

De la coordination à la coopération puis à la collaboration

La coordination fait partie des mécanismes en œuvre dans les organisations, alors que la coopération, étant un état d'esprit doit bénéficier de conditions favorables pour se développer. C'est là que le manager a un rôle moteur et innovant à jouer.

De plus, il n'est pas nécessaire d'attendre un projet ambitieux pour travailler en mode collaboratif, tout sujet du quotidien peut être abordé de cette façon.

Nous reviendrons par la suite sur les pratiques à mettre en œuvre pour développer ce mécanisme en petits groupes de coopération, et quel rôle peut assurer le manager.

Et vous, en pratique:

Avez-vous dans votre équipe, développé des modes de coordination ? De coopération ? Les deux ?

....
....

Si oui, dans quels cas ? Avec quels résultats ?

....
....
....
....

e) L'ère du « co » au travail : l'intelligence collective

« Co », c'est à dire « cum » en latin, signifie « ensemble ».

Co-working, co-conception, co-construction, coopération, etc, les besoins de faire ensemble ne manquent pas dans notre quotidien. Dans l'ère du collaboratif, du faire mieux ensemble, un concept rassemble ces capacités nouvelles résultant des interactions entre les individus : l'intelligence collective.

Historiquement, c'est Pierre Lévy, philosophe et sociologue français, chercheur en sciences de l'information qui a étudié l'impact d'Internet sur la société, et a fondé le concept d'intelligence collective, en 1994, notamment dans son ouvrage L'Intelligence collective: pour une anthropologie du cyberespace. Il soutient qu'en tant que moyen, « la fin la plus élevée d'Internet » est l'intelligence collective. Toutefois, il précise que l'intelligence collective n'est en aucun cas un concept nouveau, mais a déjà été pensée par des philosophes du passé, dont Aristote.

Il en donne pour définition « une intelligence partout distribuée, sans cesse valorisée, coordonnée en temps réel, qui aboutit à une mobilisation effective des compétences. »

Pierre Lévy insiste sur la notion fondamentale d'économie des qualités humaines. Ainsi, chaque membre du collectif serait porteur d'une richesse qu'on ne pourrait négliger et qui lui assurerait une place et une contribution uniques au sein du collectif intelligent.

Le concept d'intelligence collective, plus globalement défini comme les capacités cognitives d'une communauté, résulte des interactions multiples entre ses membres. Ce concept intéresse aujourd'hui à la fois le monde des Ressources Humaines, les sciences de gestion, les sciences de l'information, de la communication, la sociologie, la psychologie du travail … Et pourquoi pas demain l'éducation…

Une idée à mettre également à la disposition des managers !

Le concept étant étudié dans ces différences disciplines, il est intéressant d'en retenir quelques définitions théoriques, rassemblées par Olfa Zaïbet

Greselle dans son article Vers l'intelligence collective des équipes de travail : une étude de cas, paru dans la revue Management & Avenir.

Les sciences de la communication (Pénalva, 2004) définissent l'intelligence collective comme « la capacité d'un groupe à se poser des questions et à chercher des réponses ensemble ».

La psychologie du travail comme « un processus qui permet à un groupe d'appréhender l'ensemble des dimensions d'un problème complexe dans le temps et dans l'espace pour déboucher sur une décision. » (Garnier 2001)

Pour les sciences de gestion (Mack 2004), il s'agit d' « une capacité qui par la combinaison et la mise en interaction de connaissances, idées, opinions, questionnements, doutes, ... de plusieurs personnes, génère de la valeur (ou une performance ou un résultat) supérieure à ce qui serait obtenu par la simple addition des contributions (connaissances, idées, etc...) de chaque individu. »

Au final on pourrait retenir la définition suivante de l'intelligence collective :

« C'est un processus et une capacité collective de résolution de problème complexe et de prise de décision, spécifique à un collectif de travail restreint, constitué pour faire face à une situation de travail ».

Retenons trois idées-clés : le temps, la situation, les acteurs.

- Le temps : l'intelligence collective est donc un processus, elle n'est pas immédiate, ne se décrète pas mais se construit sur la durée.
- La situation : l'intelligence collective se mobilise pour répondre à un besoin précis, à une situation de travail complexe, pour laquelle faire toujours plus de la même chose serait inadapté.
- Les acteurs : l'intelligence collective repose et se construit grâce à un groupe déterminé de personnes concernées et mobilisées volontairement.

Nous allons préciser ce dernier point, et revenir sur les notions de groupe et d'équipe.

le TEMPS

+

les ACTEURS

+

la SITUATION REELLE de TRAVAIL

=

Les conditions au départ de l'intelligence collective

L'intelligence collective au départ

f) La dynamique des groupes

Un manager se voit confier la responsabilité d'encadrer une équipe. Mais est-ce une équipe ou un groupe de personnes? Comment ce manager peut-il transformer son groupe en équipe ?

On appelle « dynamique des groupes » l'ensemble des mécanismes psycho-sociaux qui sont en œuvre dans des petits groupes de 4 à 20 personnes qui interagissent ensemble et peuvent de ce fait avoir un impact sur le résultat produit.

Dans l'Amérique des années 1920, à la suite de Taylor, Elton Mayo, (1880-1949) fondateur de la psychosociologie industrielle, a contribué à analyser les résultats d'une étude menée, dans les ateliers d'Hawthorne de la Western Electric company, sur les facteurs susceptibles d'améliorer la productivité des ouvrières, qui étaient alors considérées comme des éléments indépendants de la chaîne de production, selon l'approche taylorienne. L'étude initiale avait pour objectif de mesurer l'impact des conditions matérielles de travail (éclairage, pauses…) sur le rendement. Or la variation de ces conditions matérielles n'avait pas de lien direct avec le rendement des ouvrières, alors que le fait de constituer un groupe solidaire d'ouvrières volontaires pour participer à une expérimentation, et les laissant contribuer à des objectifs dans un bon climat a été à la grande surprise des expérimentateurs le facteur significatif d'amélioration de la productivité. Le dit « effet Hawthorne » a en grande partie expliqué le rôle de la motivation, de la considération, de la reconnaissance et de l'appartenance à un groupe et à un objectif commun.

Voilà comment fut découvert par hasard l'effet de la dynamique de groupe.

Kurt Lewin (1890-1947), fondateur de la psychologie sociale, a profondément développé cette théorie qu'un groupe est plus que la somme des individus qui le constitue, influencé par la Gestalt, il fut l'inventeur du terme « Dynamique de groupe » en 1944.

Il a notamment mis en évidence le lien entre style de management, exercices de l'autorité et climat du groupe. Le leadership étant défini comme le résultat de l'ensemble des comportements interpersonnels par lesquels le manager influence le comportement de ses collaborateurs, il distingue en effet trois styles de leadership :

- Autoritaire
- Démocratique
- Laisser faire

Le style de leadership doit s'adapter à la maturité du groupe pour l'amener vers une plus grande autonomie.

Si l'on revient sur la question de la différence entre un groupe et une équipe, un groupe pourrait être vu comme un ensemble de personnes qui interagissent entre elles, donc il se forge dans l'interdépendance (contrairement à une file d'attente par exemple). L'équipe interagit pour un objectif commun, se projette dans un futur commun. Pour Lewin, un « ensemble d'individus qui partagent un destin commun ».

En dynamique de groupes, la taille du groupe est un élément déterminant :

Les petits groupes sont les plus propices à la mise en place d'une dynamique positive car les conflits sont proportionnels au nombre de membres.

À 4/5 personnes, on parle de groupe de base.

Entre 8 et 12 personnes, on parle de groupe restreint.

Au-delà de 25 personnes, le groupe « large » peut être plus négatif dans sa dynamique, car il est impossible pour chacun de ses membres de bien connaitre les autres, ce qui peut être porteur d'angoisses en terme d'identité et de reconnaissance.

g) L'innovation en question

« **Une personne qui n'a jamais commis d'erreurs n'a jamais tenté d'innover**. » A. Einstein (physicien théoricien allemand, suisse, américain, 1879-1955)

Pour innover, il faut prendre des risques, sortir d'une zone de confort et d'habitude pour affronter l'inconnu. Avec un corolaire indispensable et d'emblée accepté: se donner le droit à l'erreur !

Le groupe restreint (8 à 12 personnes) est le creuset de l'innovation. Cependant pour performer, des conditions de réussite doivent être garanties, les participants ont besoin d'être sécurisés pour libérer leur créativité. Ce cadre sécurisant nécessite:

- Bienveillance et respect
- Donner le droit à l'erreur
- Autoriser la liberté de parole

Pour éviter la pensée groupale (effet Janis), c'est à dire le risque d'erreur provoqué par le phénomène de ralliement au groupe, la divergence doit être favorisée. Le conflit vu comme une différence entre deux protagonistes se caractérise par des tensions, des émotions, des désaccords, qui sont aussi signes d'énergie, source potentielle d'engagement. La divergence doit être encouragée, la présence du manager peut être un frein à l'innovation, car voulant se rallier à l'idée du manager, il s'autocensurera potentiellement, : il choisira donc soit de laisser un espace au groupe pour brainstormer sans lui, soit de changer de posture durant une séance de créativité et d'endosser un rôle de manager facilitateur. Nous reviendrons sur ces options à travers les modalités d'intelligence collective, dans le chapitre 7.

h) L'entreprise libérée

" **Le meilleur manager est celui qui sait trouver les talents pour faire les choses et qui sait aussi réfréner son envie de s'en mêler quand ils le font.**"

Theodore Roosevelt (1859-1919)

En introduction de son ouvrage « Liberté & cie », I. Getz nous annonce que « la libération d'entreprise est une philosophie que des leaders du monde entier utilisent pour transformer leur organisation en profondeur. Ces patrons ont la certitude qu'un lieu de travail privilégiant le respect et la liberté est beaucoup plus naturel qu'un environnement fondé sur la méfiance et le contrôle. »

L'entreprise libérée est un concept né aux Etats Unis il y a quelques décennies, entre les années 1940 à 1980, dans des entreprises précurseurs comme Gore, Dupont, Sun Hydraulics. Historiquement en France elle a aussi été mise en place comme par exemple chez FAVI. Aujourd'hui, elle apparait comme une réponse face au constat de désengagement des salariés dans des entreprises aux structures de management très pyramidales où le commandement et le contrôle ont annihilé l'esprit d'initiative et de responsabilité : les règles initialement mises en place pour le bon fonctionnement de l'organisation sont sans cesse renforcées pour répondre aux comportements déviants de 3% des salariés…

Le modèle de l'entreprise libérée vise à redonner autonomie et responsabilité aux salariés.

En France aujourd'hui, il semble que des entreprises adoptent le concept : Airbus, Michelin, Décathlon…

En quoi consiste le rôle du manager dans une entreprise libérée ? A terme à ne plus rien faire, si ce n'est donner la vision, le cap !

Mais pour atteindre le style de leadership nommé par Lewin « laisser faire », le manager va devoir d'abord guider, aider, apporter les moyens, dissiper les malentendus, permettre de régler les problèmes. Il n'est qu'un passe plat au service de son équipe ! D'où un changement de posture important : non plus directif (autoritaire), il passe par le démocratique (de quoi avez-vous besoin pour travailler ?) ou laisse faire quand les obstacles sont supprimés (allez-y, je vous montre la destination).

Pour aller vers l'entreprise libérée, le PDG, le dirigeant, a un rôle clé à jouer, car lui seul peut décider de supprimer la structure organisationnelle existante. C'est ce qu'a fait JF Zobrist, chez FAVI (fonderie de 600 salariés) dans les années 1980. La libération de l'entreprise se fait en 4 grandes étapes, comme l'a annoncé Zobrist à ses salariés dans son discours d'arrivée.

- Démantèlement des symboles et pratiques qui empêchent les salariés de se sentir égaux intrinsèquement (exemples, places de parking attitrées, pointeuses…)

- Partage ouvert et actif par le dirigeant de sa vision de l'entreprise avec tous les salariés.

- Construction d'un environnement favorable à l'auto-motivation, auto-responsabilisation, liberté, mobilité…

- Entretien de l'environnement et mise en place d'actions immédiates face au non respect des règles, valeurs et principes.

i) Diagnostic de votre équipe (Belbin)

Meredith Belbin est un psychosociologue britannique spécialiste du management d'équipe et créateur d'un inventaire de comportement qui met en évidence les neuf rôles clés nécessaires au bon fonctionnement d'une équipe de résolution de problème.

Nous revenons sur la différence ente une équipe et un groupe, les cinq caractéristiques suivantes sont attribuées à une équipe performante.

Une équipe performante est un groupe restreint d'individus:

1. Dédiés à une vision partagée et à des objectifs communs ;
2. Dotés de compétences et possédant des rôles complémentaires ;
3. Partageant une approche de travail commune et un sens de la communication ;
4. Liés par un sentiment de responsabilité mutuelle et de confiance ;
5. Animés par un leader.

Et vous en pratique :

Comment évaluez-vous la performance de votre équipe en considérant ces 5 caractéristiques ?

1..

2..

3..

4..

5..

5. Le paradoxe du manager face à son équipe: dedans et dehors ?

Nous avons vu dans les chapitres précédents en quoi l'évolution de la société nous incite à faire évoluer nos modes de management. Nous avons compris que la performance d'une organisation se joue aussi au niveau d'une équipe, par des mécanismes d'interaction et d'échange qui génèrent innovation et efficacité.

Beaucoup de ces mécanismes nécessitent une qualité de communication interpersonnelle entre ces membres et une attitude du manager adaptée aux situations et aux personnes.

Abordons à présent dans ce contexte, la place du manager, son rôle, son identité, son style de leadership, à travers quelques grilles de lecture.

a) L'identité traditionnelle du « manager »

Etymologiquement, manager vient de l'anglais 'manage', qui vient de l'italien 'maneggiare', du latin 'avoir en main', 'entraîner un cheval en le dirigeant avec la main'.

Historiquement, le manager, inventé en 1788 par Mr le chevalier de Chastellux, est un organisateur, administrateur, maître de cérémonies.

Le management aujourd'hui est la mise en œuvre par une organisation de moyens humains et matériels pour atteindre ses objectifs, mais cela représente aussi les personnes responsables qui assurent cette fonction. En psychosociologie on parle de management d'équipe pour la direction, l'encadrement de groupes d'hommes et de femmes (<15 à 20 personnes).

Aujourd'hui, nos représentations du manager commencent à se diversifier, mais elles influencent notre tenue de ce rôle. Si nous devions dresser un portrait du manager-type, tel que nous le connaissons, tel que si nous le rencontrons un jour, en réunion ou dans un couloir, nous pourrions dire « tiens, ce doit être le manager »…que diriez-vous pour le qualifier:

- Un manager est un chef de tribu, généralement paternaliste et qui décide de tout
- Un manager est un cadre qui doit décliner la stratégie de l'entreprise, tendant à fuir les prises de positions, et qui ne décide de rien

- ☐ Un manager est un leader charismatique qui impose le silence et le respect
- ☐ Un manager est une personne empathique et bienveillante, à l'écoute des salariés, et qui prend en considération les aspects humains de l'organisation
- ☐ Un manager est un homme pressé, soumis à de multiples injonctions, et qui va de réunion en réunion pour être au courant de tout et tout suivre
- ☐ Un manager est un chef d'orchestre qui dirige des talents à la baguette pour prendre et faire exécuter les décisions.

Autant de représentations, que de personnes différentes, façonnées par leurs parcours, leurs vécus dans des cultures organisationnelles différentes (PME, grands groupes internationaux, entreprises familiales, associations, ...). L'organisation impulse à travers sa culture et son histoire un modèle de leadership, et cherchera à travers ses recrutements à maintenir un modèle de management compatible à sa culture dominante.

b) Styles de management et management situationnel

Il n'est pas « un » bon style de management aujourd'hui : le manager doit savoir adapter son style à la situation et à son environnement. Son objectif est d'accroitre le niveau de maturité de ses collaborateurs, de développer leur autonomie.

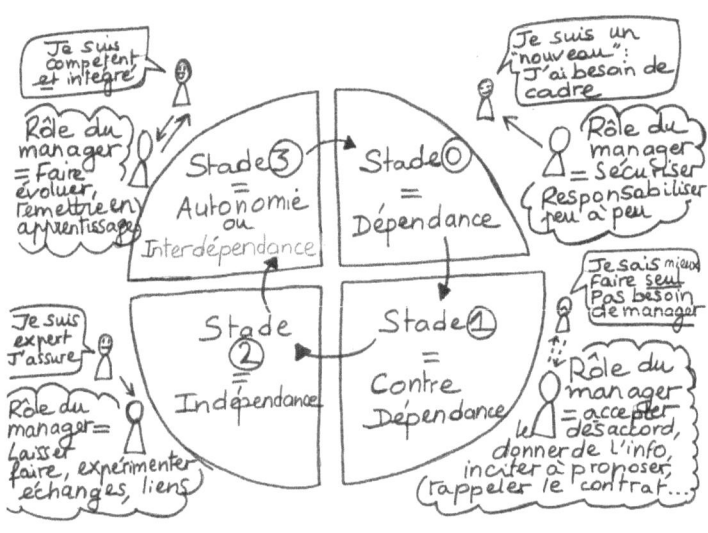

Manager en fonction de l'autonomie de ces collaborateurs

Et vous en pratique - Autodiagnostic de votre équipe:

Dans quel stade d'autonomie situez-vous vos collaborateurs?

. . . .

. . . .

. . . .

Quelles actions souhaiteriez-vous entreprendre pour développer leur autonomie ?

. . . .

. . . .

. . . .

Selon Hersey et Blanchard, le management est situationnel : il s'adapte à la situation de travail en fonction de l'importance du relationnel et de l'organisationnel.

Styles de management situationnel

Et vous en pratique - Autodiagnostic de votre management situationnel :

Dans quel style de management êtes-vous le plus à l'aise ?

....
....

Quel style est le plus sollicité dans votre poste? Le plus demandé par votre organisation ?

....
....

Que souhaiteriez-vous développer ?

....
....

c) Les rôles du manager aujourd'hui:
Manager et leader?

Un manager aujourd'hui adopte plusieurs styles comme nous l'avons vu, et porte plusieurs 'casquettes'. A savoir, il est attendu de lui qu'il tienne plusieurs rôles.

Des missions du manager portent sur la responsabilité liée aux activités :

- fixer des objectifs
- organiser le travail, répartir la charge
- contrôler la réalisation du travail

D'autres concernent les relations, la responsabilité liée aux personnes :

- communiquer
- motiver
- résoudre les conflits

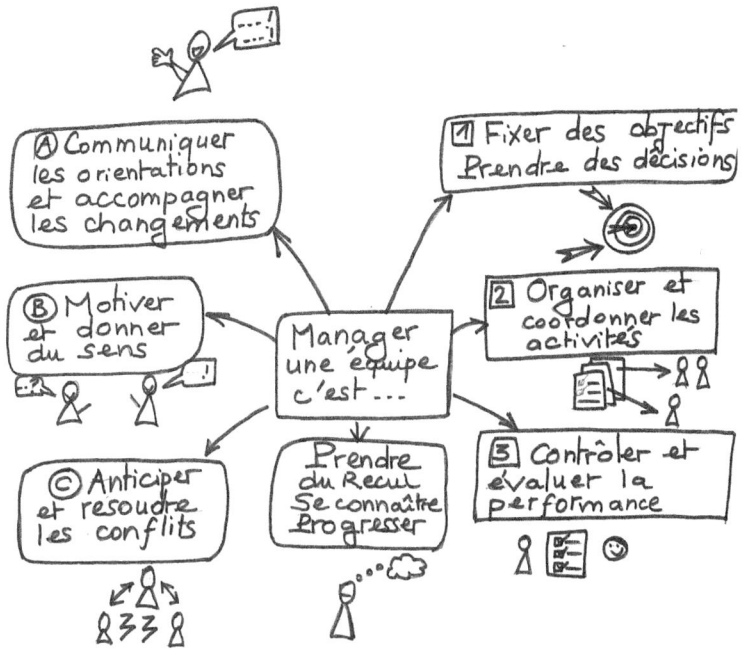

Les rôles et missions du manager

Cette cartographie illustre la variété des missions du manager et questionne à la fois le rapport du manager aux personnes et son rapport aux idées. Le visionnaire persévérant doit aussi accompagner ses collaborateurs sur le chemin de la réussite de l'entreprise.

Et vous, en pratique ?

Quelle est la fonction dans laquelle vous vous épanouissez le plus ?

. . . .

. . . .

. . . .

Quelles sont les fonctions avec lesquelles vous êtes à l'aise ?

. . . .

. . . .

. . . .

Celles sur lesquelles vous souhaitez progresser ?

. . . .

. . . .

. . . .

d) Montrer la vision

« **Quand tu veux construire un bateau, ne commence pas par rassembler du bois, couper des planches et distribuer le travail, mais réveille au sein des hommes le désir de la mer, grande et belle.** » A. de St Exupéry (écrivain, poète et aviateur français, 1900-1944)

Ce qui met en route le moteur d'une équipe, est souvent d'avoir à sa tête un leader qui sait où aller : un manager qui donne le sens, la direction. Directif sur le quoi. Ici, le manager est hors de l'équipe (devant). Il est générateur d'envie, il met en place les conditions favorables à la motivation de son équipe.

Un manager peut-il motiver ses équipes ?

La motivation durable est la motivation intrinsèque, celle que l'individu peut trouver en accord avec ses aspirations et ses besoins. Les autres formes de motivation dites extrinsèques finissent par produire des effets contre-productifs (habituation).

Les psychologues américains E. Deci et R. Ryan ont mené la plus grande étude contemporaine théorique et empirique sur la motivation. Ils ont identifié les besoins fondamentaux de l'homme nécessaire à son auto-motivation :

- l'affiliation : appartenir à un groupe, être en lien,
- le sentiment de compétence, aussi dit de maîtrise
- l'autonomie, le sens de son activité et la liberté de pouvoir réaliser son travail

« Chaque fois que le manager nourrira ces besoins, il facilitera le fonctionnement optimal et le bien-être. Chaque fois qu'il négligera voire entravera ces besoins, il entrainera mal-être et dysfonctionnement ». Ryan et Deci, (Nourrir une motivation autonome)

e) Co-construire la trajectoire

Comme nous l'avons vu précédemment, le groupe donc l'équipe a un rôle à jouer, pas uniquement dans l'éxécution, mais dans la définition des orientations, en qualité d'experts, de parties prenantes. Ici le manager est inclus dans l'équipe. Il adopte un style participatif sur le « Comment » après avoir expliqué le « pourquoi ». Il devra changer de posture comme nous l'avons vu pour laisser la créativité du groupe s'exprimer, notamment en animant ses réunions d'équipe autrement comme nous le verrons dans le chapitre 7.

f) Le management collaboratif

Pour passer de la coordination à la coopération, quelle marge de manœuvre pour le manager d'équipe ? Des outils d'intelligence collective existent et sont nécessaires pour démarrer une nouvelle approche du management, avec l'aide méthodologique d'un expert. Nous allons les passer en revue et voir comment le manager se positionne selon le cas.

Un exemple d'outil collaboratif connu sous le nom « d'innovation game », ou jeu d'innovation, est le « Speedboat ». Il nous vient du monde du coaching agile, et s'utilise comme une rétrospective, c'est à dire la célébration de fin d'une itération du projet, d'un cycle, pour faire un bilan en équipe et se projeter dans l'avenir.

Le projet, le service, le changement recherché sera représenté par un bateau, les ancres représentent les freins, les vents les conditions favorables, les rochers les obstacles sur le chemin, l'île la destination la réalisation du changement ou la fin du projet. Tous ces éléments seront identifiés par les participants, selon une démarche cadrée par un coach.

Cet outil est un moyen ludique et efficace pour faire collaborer son équipe et construire ensemble une trajectoire vers un objectif commun.

Représenter le changement en équipe

6. Le paradoxe du temps : ensemble, plus rapide ou plus lent ?

Nous avons vu que le manager pouvait changer de rôle, de style, de posture avec son équipe, sans nier son identité managériale mais au contraire pour avoir plus d'impact dans son management.

Mais nous savons aussi qu'il doit inscrire son action dans une organisation existante, avec des contraintes opérationnelles, de productivité, de reporting, de gestion du temps, ... Voilà une variable essentielle à prendre en compte dans son management : son rapport au temps !

a) Faut-il toujours « faire vite » ?

L'ère du slow management a fait son apparition.

Dans un contexte d'accélération des modes de fonctionnement, notamment sous l'influence des outils de communication nomades, le temps est devenu un véritable enjeu. Nous savons que la réussite de l'arrivée sur le marché d'un produit ou d'un service est aussi question de 'timing'. Arriver plus vite que les concurrents a longtemps été le credo. Développer plus vite pour livrer plus vite. Condition logique sine qua none des modes de production industriels issus du taylorisme. Dans les demandes des clients, comme de la hiérarchie : tout devient urgent. Or, aujourd'hui tous les cours de management enseignent à distinguer l'urgent de l'important, avec la célèbre matrice du général Eisenhower. Et cependant le degré d'urgence semble toujours aussi présent, aussi pressant.

Oui mais… Le consommateur est également à la recherche de qualité et d'innovation, et le salarié de qualité de vie au travail. Le mouvement de recherche d'un développement durable s'adresse également aux pratiques managériales.

Le slow management, ou management de la lenteur, recouvre des modes de management différents et innovants destinés à encourager des environnements professionnels coopératifs, stables et durables privilégiant l'épanouissement humain, le bien-être au travail.

Le management lent serait il plus durable ?

L'impact premier du slow management est de redonner une place à l'individu dans l'entreprise, de revaloriser sa contribution, de donner des espaces de travail collaboratifs où la parole des salariés est écoutée, de promouvoir aussi le bien-être en limitant l'impact de la pression temporelle sur le stress des salariés.

b) Investir du temps de dialogue, gagner du temps dans la mise en œuvre

« Je n'ai pas le temps de prendre du temps ! », « Travailler avec les autres, quelle perte de temps ! J'ai plus vite fait de le faire moins même ! » avez-vous déjà entendu, voire prononcé ces paroles ?

« Travailler ensemble » implique de passer du temps à se parler, à s'écouter, à se comprendre.

Dans un mode de management durable, le poids des stratégies court terme est relativisé, les temps de parole et d'échange sont considérés comme des temps utiles pour trouver des solutions nouvelles et innovantes, et surtout intègrent des temps de mobilisation des ressources : tous les participants à la définition d'un projet ou d'une stratégie auront intégré les raisons des choix, les contraintes et les opportunités des solutions retenues ou écartées. Ils seront par la suite beaucoup plus moteurs et engagés dans la phase de déploiement et d'appropriation du changement. Ainsi le temps investi au départ dans des groupes de travail et la mobilisation massive sera du temps gagné dans la réalisation des changements. Grâce à l'engagement des acteurs.

Pour faire participer tous les équipiers, le manager peut animer lui-même une réunion de brainstorming et veiller à ce que chacun s'exprime. Ou il peut choisir de participer à cette phase d'échange, de divergence, en déléguant l'animation de la réunion à un tiers. Ce temps de réflexion collective sur un sujet donné sera mathématiquement plus court que la somme des temps individuels de communication par le manager sur même sujet à chacun de ses équipiers.

c) Réduire le temps de la décision

Nous avons vu que traditionnellement décider est une fonction majeure du management. Voulons nous revenir sur cette prérogative en la mettant entre les mains de chacun, et perdre de la maîtrise ? ou en permettant à chacun de contribuer, et perdre du temps ? Oui, le risque de prendre du temps nous inquiète... Notre confusion vient du fait que nous associons souvent prise de décision à consensus obligatoire !

Or le manager innovant adopte le style qui convient à la situation, et sait adopter la posture adaptée à son équipe, et à une prise de décision efficace !

Pourquoi a-t-on le réflexe de penser que travailler ensemble est un gage de ralentissement ? Ce raccourci erroné vient de la confusion entre travail collectif et consensus. En effet, faire travailler ensemble, encourager la divergence d'idées ne signifie pas en rester là et imaginer que la conclusion puisse à tous les coups satisfaire tous les arguments, répondre aux demandes de tous les participants. Le manager devra être le garant de la phase de clôture ou convergence, et in fine aboutir à une décision si ce n'est collective, au moins comprise de tous.

L'important reste de faire participer tous les membres de l'équipe à la prise de décision, et pas nécessairement de trouver une décision qui convienne à tous.

Pour aider le manager à avoir la bonne posture de prise de décision, rapide, efficace et largement partagée avec son équipe, la spirale dynamique dite de Don Beck, inventée en réalité par Clare Graves dans les années 1960, représente les différents stades de développement de l'individu comme de la société.

Nous pouvons l'utiliser pour situer au sein de notre équipe les stades de conscience actuels de nos collaborateurs et notre propre style. Tous les stades sont nécessaires, aucun ne prévaut, et le passage à l'un nécessite les passages antérieurs. La flexibilité relationnelle du manager consiste à naviguer entre les différents stades pour dialoguer avec son équipe, pour s'aligner sur le bon registre, et pour faire dialoguer entre eux ses équipiers. On parle alors d'intelligence adaptative.

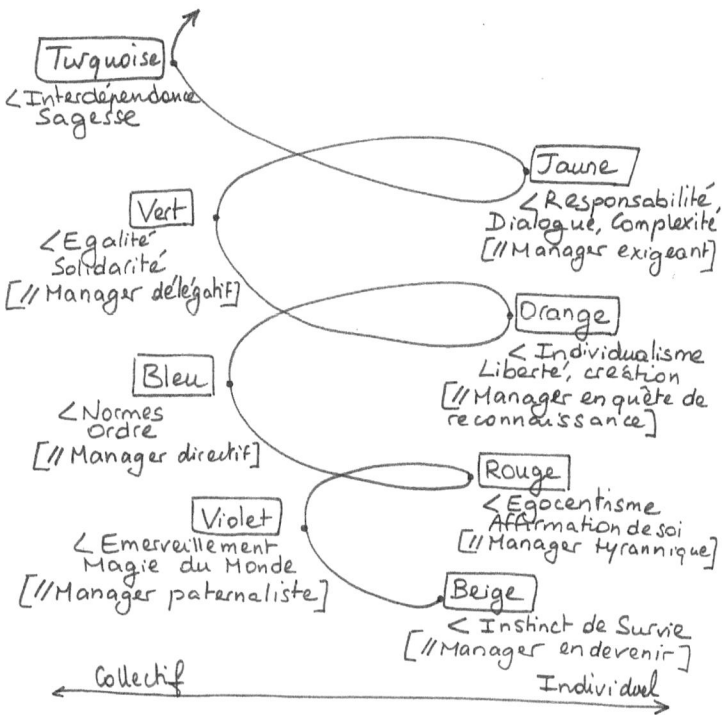

Manager avec la spirale dynamique

Jacques Ferber, cognitiviste travaillant sur l'intelligence collective à l'université de Montpellier, enseigne la spirale dynamique à ces étudiants :

« Dans les pays développés, on voit s'affronter aujourd'hui trois couleurs : des bleus (étatistes et nationalistes), des orange (libéraux et businessmen), et des verts (sociaux démocrates et écologistes). Trois logiques incompatibles. Pour sortir de l'impasse, l'humanité doit passer à une nouvelle couleur, le jaune. L'individu jaune comprend que, dans un monde complexe, chaque couleur a son rôle à jouer. »

En effet, en transposant dans l'entreprise, le manager est un intégrateur, fluide, à l'aise avec les réseaux, et qui peut à travers son pouvoir de décision et d'influence, intégrer :

- le beige, en reconnaissant les besoins de santé et de sécurité de ses collaborateurs, leurs besoins de bien-être
- le violet, en étant capable d'écouter des idées innovantes, décoiffantes et peut-être des idées folles qui réenchantent le quotidien

- le rouge, en utilisant les énergies cachées dans les oppositions, les confrontations, la défense d'intérêts individuels,
- le bleu, en admettant la nécessité d'un cadre sécurisant, le besoin d'organisation et d'éthique
- l'orange, en stimulant l'esprit d'entrepreunariat
- le vert, en liant l'intelligence collective à la solidarité nécessaire pour atteindre engagement et performance

Il reste vecteur d'intégration, de décision, en prenant en compte des dimensions divergentes, qu'il rend compatibles.

7. Des pratiques d'Intelligence collective, simples et efficaces

Nous avons vu précédemment que les (nouvelles) technologies de l'information ont transformé les attentes des individus, la société et par irruption dans le monde du travail, elles bouleversent nos organisations issues du taylorisme.

Le rôle du manager en ressort également remodelé. Il doit changer d'attitude, être moins directif, moins donneur d'ordre, moins détenteur de savoirs et d'informations, et devenir plus facilitateur, et accompagnateur des changements.

Paradoxalement, il doit être à la fois dans son équipe, dans les situations de construction, de réflexion, et de partages, et hors de son équipe quand il s'agit de montrer le cap, de décider de stratégie d'avenir. Il devient artisan des relations humaines au sein de son équipe, et doit adapter son style de management aux personnes et aux situations. Moins orienté sur les tâches, les activités à faire réaliser, son enjeu aujourd'hui est de promouvoir le « mieux travailler ensemble en équipe. »

Et face à des besoins de « mieux travailler ensemble », des pratiques collaboratives existent. Nous allons en décrire quelques-unes et préciser à chaque fois, quel peut être le rôle du manager, qui souhaite la déployer avec son équipe.

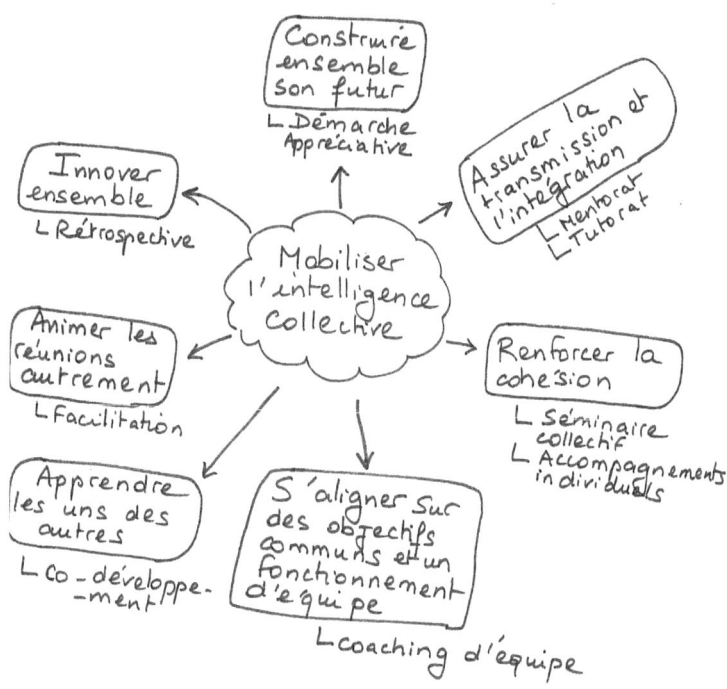

Comment Mobiliser l'Intelligence Collective

Ces différentes pratiques sont souvent mises en place à l'aide d'un tiers extérieur, coach, consultant ou facilitateur, expert en processus relationnels, en communication ou en analyse des comportements individuels ou des systèmes.

Ce tiers apporte la neutralité bienveillante, l'absence de partis pris, la méthode de travail et l'éthique nécessaire au bon développement de l'équipe comme un système d'interactions entre les individus qui le composent.

Nous décrirons en quoi consistent ces méthodes de travail collectif, pour quels bénéfices et comment se positionne le manager.

a) Transmettre son savoir-faire avec le mentorat, ou le tutorat

La modalité la plus naturelle à mettre en place pour le manager qui gère des équipes composées de salariés d'âges et d'anciennetés différentes est le mentorat ou le tutorat. En effet, viendra un moment où les plus anciens devront partir en retraite, et transmettre leurs savoirs. Se pose également la question de l'intégration de nouveaux collaborateurs.

Problèmes Besoins	✓ Départs de collaborateurs expérimentés, risque de perte de savoirs et de compétences. ✓ Arrivée et intégration de jeunes recrues, sans expérience professionnelle.
Outil/ Méthode	✓ Mentorat : relation bilatérale d'échange qui vise le transfert de connaissances et d'expériences afin de permettre au mentoré d'avancer sur les plans personnel et professionnel (relationnel, réseau, confiance en soi, bonnes

	pratiques…) ✓ Tutorat : relation bilatérale de coopération visant la transmission de savoir faire, et l'acquisition par le tutoré de compétences, à partir d'une formation spécifique en situation de travail.
Bénéfices	✓ Assurer la transition, ✓ Garantir la transmission de savoirs, savoir-faire et savoir-être ✓ Valoriser le travail intergénérationnel ✓ Développer les occasions d'apprendre de l'expérience, ✓ Favoriser l'entreprise apprenante ✓ Gagner du temps dans l'intégration des nouveaux salariés, leur permettre d'être opérationnels plus rapidement
Rôle du manager	**Promoteur, garant et facilitateur**, le manager organise et coordonne la

	démarche, libère du temps aux personnes concernées.

Qui choisir ?

Le manager identifiera les situations adaptées pour le mentorat ou le tutorat : les mentorés ou tutorés seront dans son équipe, en revanche, le mentor sera privilégié hors du cadre de l'équipe, afin de ne pas entendre un quelconque lien hiérachique.

Les mentors et tuteurs seront choisis s'ils sont volontaires, s'ils adhèrent à la démarche et acceptent de s'engager dans cette tâche. Une charte de fonctionnement pourra être proposée. Les tuteurs et mentors seront formés à l'accompagnement des personnes, et sont intéressés par le développement professionnel et personnel, le leur et celui de leurs collègues.

b) S'aligner sur un fonctionnement adéquat et des objectifs communs avec le coaching d'équipe

Le lancement d'un projet d'entreprise, d'un plan d'actions annuel, ou simplement l'alignement d'une équipe sur des objectifs communs peut nécessiter un accompagnement par un tiers : le manager ne pouvant à lui seul porter et incarner la vision (surtout si elle est nouvelle et nécessite beaucoup de pédagogie) et aider à changer les comportements de ses équipiers en un court laps de temps. Son attitude, porteuse d'exemple peut certes encourager communication et ouverture, mais il sera concentré sur le fond (l'objectif) et pourra s'appuyer sur un tiers pour la forme (coach ou consultant), notamment s'il identifie des points de blocage ou des difficultés dans le relationnel et les comportements au sein de l'équipe, ou l'organisationnel.

Problème/ Besoin	✓ Manque de vision commune partagée ✓ Des intérêts divergents ✓ Un historique fait de différents entre les membres de l'équipe ✓ Des problèmes de communication, tensions, conflits, incompréhensions ✓ Des modes de fonctionnement inadaptés (silos, bureaucratiques,…) ✓ Des dysfonctionnements organisationnels (gestion du temps, des réunions, circuits d'information, erreurs, malentendus, retards, absentéisme…)
Outil/ Méthode	✓ Coaching systémique ou d'organisation ✓ Coaching d'équipe

Bénéfices	✓ Amélioration de l'efficacité collective ✓ Renforcement de l'appartenance ✓ Repositionnement de chacun
Rôle du manager	Fait partie de l'équipe.

Le coaching d'équipe vise avant tout à développer l'intelligence collaborative et participative. C'est un outil qui développe l'autonomie en favorisant l'apprentissage de nouveaux comportements par des changements concrets et visibles. Par exemple en modifiant la tenue des réunions, la gestion du temps, la prise de décision, le cadre de travail, etc.

Le coaching systémique repose sur la notion de scénarii qui se répètent et s'amplifient à tous les niveaux de l'organisation. En agissant au niveau macro, les effets seront répercutés sur le global.

Pour accroitre l'autonomie d'une équipe, le coach fera prendre conscience des résultats obtenus, ce qui encouragera la confiance collective.

Si vous faites appel à un coach d'équipe, que va-t-il faire ?

Le coach ne va pas vous apporter des solutions « prêtes à l'emploi ». Dans un premier temps, il observe, questionne en « œil neuf », remet en cause les certitudes, les croyances limitantes de l'équipe, les habitudes, il repère les points d'amélioration et peut être amené à faire observer, à donner du feedback, à faire mesurer les changements. Il peut aussi en complément vous accompagner dans votre rôle de manager, dans votre positionnement face à cette équipe.

c) Avancer ensemble avec un séminaire de cohésion et des accompagnements individualisés

Pour le manager, qui prend la responsabilité d'un groupe ou d'une équipe, après le temps de l'observation et de la découverte, viendra le temps de l'action et de la mise en mouvement de son équipe, dans la direction qu'il souhaite lui donner. Un changement de hiérarchie peut être une opportunité de ré-impulser à l'équipe une dynamique nouvelle, avec des méthodes nouvelles et de (re)créer une cohésion vers l'objectif. Cohésion qui passe par des mécanismes de développement professionnel, ce qui signifie pour chacun de mieux se connaître, et de mieux connaître ses collègues, au delà de l'idée préconçue formée à leur égard depuis parfois des années.

Un teambuilding est une modalité bien connue de beaucoup de managers, pour renforcer la cohésion d'un groupe, au travers de mises en situation, sorties du contexte de travail, dans un lieu extérieur, et avec un objectif non professionnel (sportif, ludique, ...) : l'équipe sort de sa zone de confort.

La modalité proposée ici va au-delà de la cohésion créée par un événement organisé hors du cadre de l'entreprise et déconnecté des enjeux personnels. Il s'agit pour le manager de proposer une démarche de développement à la fois individuel et collectif. Une équipe progresse si chacun de ses membres a l'opportunité de progresser à son rythme. Une équipe se met en mouvement si chacun de ses membres peut prendre le wagon à son rythme. Nous proposons donc au manager d'engager une modalité qui concile un séminaire de cohésion et un accompagnement individuel de ses équipiers, avec un outil appelé MBTI, utilisé par des praticiens qualifiés (coach, consultant).

Pour disposer d'un peu d'informations 'technique', il est intéressant de savoir que le MBTI (Myers Briggs Type Indicator) est une démarche de connaissance de soi, basée sur la théorie des types de personnalités, issue des travaux du psychiatre suisse C.G. Jung. Dans les années 1920, celui-ci a en effet modélisé les types de personnalités en fonction de la notion de préférence. Nous avons pour chaque fonction propre à notre état d'être humain (recueil d'information et utilisation de ces informations pour prendre des décisions) des préférences, et la combinaison de celles-ci constituent notre type psychologique. A la suite des travaux de Jung, Isabel Myers et Catherine Briggs ont rendu cette théorie accessible au plus grand nombre en élaborant un questionnaire permettant d'évaluer la partie apparente de nos préférences. Ce questionnaire connu sous le nom de MBTI permet à chacun, accompagné d'un professionnel, de découvrir son type et ainsi de comprendre sa façon d'interagir. Aujourd'hui, c'est l'outil de personnalité le plus connu et le plus utilisé au monde. Le profil MBTI fait apparaitre la manière dont un individu perçoit le monde et interagit avec lui.

L'intérêt de connaître son type psychologique est multiple :

- comprendre sa manière de communiquer, et celle des autres
- améliorer son impact relationnel et développer son style de leadership
- comprendre sa propre attitude face au changement, et celle des autres
- comprendre la logique de prise de décision et celle des autres
- améliorer le travail en équipe et la gestion des conflits…

Se connaître pour mieux interagir

Cet outil peut être utilisé à des fins de développement individuel mais aussi pour une équipe dans une logique de construction positive, où les points forts de chacun sont valorisés, et où les différences, les oppositions sont transformées en complémentarités.

La démarche individuelle puis collective est très utile pour accompagner un changement, elle permet de concilier des logiques temporelles différentes.

Problème/ Besoin	✓ Changement(s) d'ampleur nécessitant la contribution de chacun ✓ Equipe constituée de personnalités fortes ayant des difficultés à se comprendre ✓ Difficultés de communication, de compréhension ✓ Conflits dans l'équipe ✓ Arrivée de nouveaux collaborateurs
Outil/ Méthode	✓ Entretien individuel de découverte de type avec chacun des équipiers ✓ Séminaire d'équipe ✓ Suivi individuel

Bénéfices	✓ Transformer les différences en complémentarités ✓ Permettre une compréhension mutuelle ✓ Développement professionnel de chacun, en renforçant ses points forts ✓ Cohésion de l'équipe renforcée par la mise en commun de ses apports, de ses différences, ✓ Création d'un langage commun, ✓ Elaboration d'une culture commune
Rôle du manager	**Prescripteur** de la démarche, commanditaire et sponsor **Participant**, bénéficiaire à double titre : son impact personnel et son leadership, son rôle dans l'équipe est renforcé par une meilleure connaissance des talents de chacun (si les participants acceptent de partager, le MBTI étant une démarche

	entièrement personnelle, volontaire et confidentielle)

Comment garantir que le séminaire porte ses fruits et ne soit pas un événement isolé coupé de la réalité ?

Deux points de vigilance doivent être observés et gardés en mémoire pour faire d'un séminaire d'équipe une réussite long terme :

- ✓ Le suivi et l'ancrage dans la durée des changements engagés sont nécessaires et ne « vont pas de soi ». Des suivis individuel et collectif seront proposés afin de s'assurer que les changements décidés seront suivis dans les faits, que les difficultés rencontrées seront débloquées, etc.
- ✓ Le contenu du séminaire portera aussi sur des situations réelles de travail (et non purement sur du fictif ou du ludique).

d) Apprendre les uns des autres avec le co-développement

Le co-développement est une méthode entre la formation et le développement professionnel, d'origine canadienne, et que nous devons à Adrien Payette et Claude Champagne.

« Le groupe de co-développement professionnel est une approche de développement pour des personnes qui croient pouvoir apprendre les unes des autres afin d'améliorer leur pratique. »

Dans les années 1980, Adrien Payette, professeur de philosophie, puis professeur de management, auprès d'étudiants « gestionnaires » avait la conviction, acquise lors de ses propres études en MBA à HEC Montréal, que les préoccupations quotidiennes rencontrées par les managers peu expérimentés étaient les vrais sujets d'enseignement. Que la formation devait donc adresser les situations réelles de travail.

D'où le nom de ces nouvelles modalités d'apprentissage : l'Action Learning, puisqu'il s'agit de partir des situations concrètes vécues par les participants, d'apprendre de l'expérience, de s'enrichir mutuellement, et de retourner dans sa pratique avec la mémoire des échanges.

Puis la rencontre avec Claude Champagne, responsable de la formation des cadres hospitaliers d'un établissement de Montréal, vient compléter la réflexion et élaborer une méthode, devenue adaptée à différents métiers (enseignants, travailleurs sociaux, protection de l'enfance)

Cette méthode d'intelligence collective se déroule sur la durée car elle nécessite d'ancrer les nouveaux comportements dans la réalité et de faire ensuite le retour de cette expérience pour en tirer des enseignements: « Recommencer régulièrement sur une période suffisamment longue pour permettre la consolidation de quelques apprentissages significatifs. »

Et concrètement comment se passe le co-développement?

Cette méthode se déroule au sein d'un groupe de 8 participants, des « pairs » , qui partagent un même métier ou une même activité. Le groupe ainsi constitué de personnes volontaires et engagées se réunit au cours de 8 séances d'une demi-journée, espacées d'environ 1 mois.

Lors de chaque séance, l'un des participants sera le client, c'est à dire qu'il apportera au groupe son sujet de cas réel, pour lequel il demandera l'aide et l'éclairage du groupe. A chaque séance un nouveau participant sera le client de la consultation. La séance animée par un facilitateur qualifié se déroule selon une méthode en 6 étapes qui permet de structurer la réflexion et les échanges.

« La réflexion effectuée, individuellement et en groupe, est favorisée par un exercice structuré de consultation, qui porte sur des problématiques vécues actuellement par les participants. »

Le groupe de co-développement est à la fois un lieu et un moment de partage et d'échange de pratiques, de réflexion et d'entraide.

Problème/ Besoin	✓ Manque de transversalité ✓ Travail en silo, pas de partage ✓ Conflits inter-services ✓ Isolement, ✓ Risques psycho-sociaux ✓ Recherche d'amélioration des bonnes pratiques

	✓ Recherche d'homogénéité des pratiques professionnelles dans des environnements complexes, imprévisibles
Outil/ Méthode	Groupes de co-développement
Bénéfices	✓ Transversalité, solidarité ✓ Prise de recul, créativité ✓ Mise en mouvement, en action
Rôle du manager	✓ Prescripteur, n'intervient pas, ne participe pas. ✓ Par son lâcher-prise, il développe l'autonomie de ses collaborateurs

Pourquoi un manager ne va pas participer au même groupe que ses collaborateurs ?

Vos collaborateurs peuvent participer à un groupe de co-développement « transverse » c'est à dire avec des managers d'autres services d'autres entités, mais de même niveau hiérarchique, et de même

« métier » (RH, chef de service, comptable, agent immobilier…) : le groupe de co-développement est avant tout un groupe de « pairs ». La constitution du groupe est essentielle à sa réussite. La diversité des participants conditionne la richesse des échanges et les participants doivent se sentir sur un pied d'égalité, à ce titre du même niveau hiérarchique.

L'absence du manager permet à chacun de s'autoriser à exprimer des difficultés sans crainte du jugement, à apprendre à dire les choses (parler-vrai) avec une liberté de parole respectueuse (bienveillance) mais sans autocensure.

Le manager peut quant à lui progresser dans sa pratique avec d'autres managers de même niveau que lui, avec ses propres « pairs » rencontrant des difficultés similaires.

e) Construire ensemble son futur avec la démarche appréciative

La démarche appréciative (ou Appreciative Inquiry en anglais) est une méthode d'accompagnement du changement, fondée sur une vision positive, créée dans les années 1980 par David Cooperider.

L'idée force de l'AI est que l'organisation est riche de son passé, de son histoire, de ses réussites, qu'elle fourmille de ressources, et détient les clés de son avenir. Au démarrage de ce livre, vous aviez été encouragé à réfléchir à ce que vous souhaitiez garder de votre organisation, de votre management, de vos succès passés...

Problème/ Besoin	✓ Pas besoin de problème pour lancer cette démarche puisqu'elle est positive ! ✓ Enthousiasme pour le changement ✓ Méthodes traditionnelles n'ayant pas donné satisfaction ou montré des limites

Outil/ Méthode	Démarche Appréciative ou AI ou 5D (cf dessin ci après)
Bénéfices	✓ Engagement de chacun ✓ Vision élargie ✓ Motivation, implication ✓ Organisation vivante et apprenante
Rôle du manager	Sponsor

Quel préalable à cette démarche ?

Le préalable est l'adhésion à la démarche par le dirigeant et la ligne hiérarchique et qu'elle soit portée sur la durée avec enthousiasme. Car la mise en œuvre sera transverse et hors des périmètres hiérarchiques.

Le manager doit accepter de ne pas voir dans l'organisation l'incarnation de sa propre vision, mais laisser l'organisation auto-décider de son devenir sur le sujet donné. Il cesse d'être directif sur la vision.

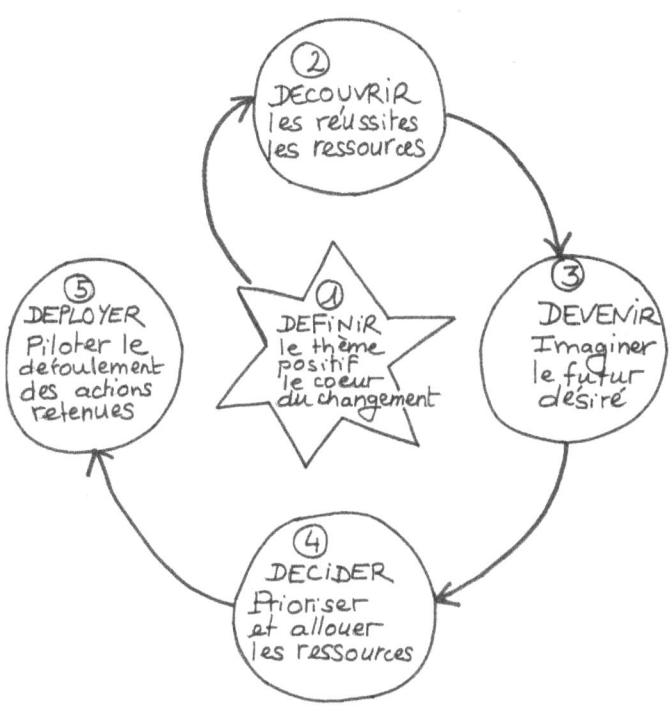

Les 5 étapes de la démarche appréciative sont aussi appelées les 5D.

Les étapes sont les suivantes :

-   La phase de <u>définition</u> permettra de retenir le thème du changement et le formuler de manière positive

- la phase de <u>découverte</u> se fera par interviews croisées, par échanges multiples, de récits des succès, de synthèses, etc.

- la phase de <u>devenir</u> se fera en groupe, la vision d'une organisation meilleure pourra inclure des parties prenantes extérieures. Cet avenir sera la cible de tous.

- La phase de <u>décision</u> définira clairement les principes d'organisation, les moyens, les rôles, responsabilités, relations.

- Enfin la phase de <u>déploiement</u> sur la durée fera vivre la vision, mesurera les progrès accomplis, et veillera au bon déroulement des actions.

Comme manager, quel rôle jouer ?

Lâcher-prise ! Accepter ce qui en 'sortira' nécessite un travail sur soi important, sur sa posture de manager délégatif, et une grande confiance en son équipe.

f) Animer ses réunions de travail en facilitateur

Le manager peut aussi impulser lui-même le travail collaboratif au sein de son équipe. La modalité la plus simple est de modifier la façon dont il anime ses réunions. Sur un sujet transverse, qui intéresse toute l'équipe, et sur lequel il souhaite faire travailler ensemble son équipe (télétravail, réaménagement des espaces de travail, réorganisation des activités, de la gestion de la relation client…) , il peut lancer une réunion de travail en mode collaboratif.

S'il a déjà participé à un groupe de co-développement, il sera plus à l'aise pour mettre en œuvre ce type de réunion, largement inspiré de la méthode de codéveloppement.

Problème/ Besoin	✓ Réunions d'informations uniquement descendantes ✓ Pas de place pour co-construire en équipe des projets transverses ✓ Désengagement des équipiers, retrait, désinvestissement, attentisme ✓ Pas d'esprit constructif dans

	l'équipe, mais uniquement esprit critique
Outil/ Méthode	✓ Animation de réunion en mode facilitation : inspiré des méthodes du co-développement Payette et Champagne
Bénéfices	✓ Donner une place positive à chacun ✓ Permettre à toutes les idées de s'exprimer, développer la créativité ✓ Développer l'état d'esprit constructif ✓ Développer l'engagement
Rôle du manager	Facilitateur, garant du cadre, de la méthode (fond), lâche prise sur le contenu

En préambule, le manager doit annoncer le cadre, et les principes de fonctionnement, expliciter les conditions de réussite de ce type de réunions, qui sera différent des réunions d'équipe classiques (qui peuvent être par ailleurs maintenues)

- ✓ la **bienveillance**: chacun est respecté dans ses idées, et respecte celles des autres même s'il ne les partage pas, pas de critique personnelle ni de jugement de valeurs dans une démarche de créativité,
- ✓ la **liberté** des avis: chacun peut apporter des idées différentes, a le droit de penser autrement, sans présager que ses idées doivent nécessairement être retenues, il a l'opportunité de s'exprimer sur sa vision et d'être écouté
- ✓ **L'engagement:** chacun s'engage à participer, à construire ensemble, à questionner, à dire, c'est la co-responsabilité de chacun dans le résultat de la réunion

Le manager doit préciser son rôle de manager-facilitateur :

- ✓ Il anime la réunion en étant garant du cadre et des principes
- ✓ Il apporte la situation, le problème, le sujet à analyser conjointement et sur lequel il pense

(croit sincèrement) que la contribution de son équipe est nécessaire à la réussite

✓ Il n'apporte pas la solution, mais permet l'émergence de solutions au sein du groupe

✓ Il est le facilitateur de l'expression du groupe, régule la circulation de la parole, séquence les étapes et l'équilibre des prises de paroles

Ensuite, comme dans un groupe de co-développement, il énoncera et fera respecter des étapes claires pour faciliter et faire émerger les idées (*)

---

1) Le manager <u>expose</u> sa vision de la problématique – le groupe **écoute sans réagir**

Ex: « Au sujet de …., voilà comment je vois les choses, mes interrogations, mon contexte, mes doutes, mes pistes, etc… »

---

2) <u>Le groupe questionne</u> pour mieux comprendre

- le manager <u>répond</u>

---

3) Le manager <u>précise</u> sa demande au groupe

4) Le manager laisse le groupe s'exprimer en apportant leurs idées et avis pour répondre à sa demande (tour de table)

- le manager écoute sans réagir à chaud

5) Le manager fait une synthèse de ce qui est retenu.

Il s'exprime sur la suite à donner (décision, nouvel échange, etc…)

6) Le manager remercie le groupe de sa participation.

Il recueille les feed-back sur la réunion (fond et forme)

Pour animer une réunion en mode facilitation, que retenez-vous comme points-clés:

....
....
....
....
....
....

La posture de manager facilitateur, pour vous, c'est essentiellement :

....
....
....

De quoi avez-vous besoin pour l'adopter? Pour quels bénéfices?

....
....
....

8. Pour passer à l'action

a) Identifier et reconnaître les freins

Avant de commencer, si vous aussi, vous souhaitez vous lancer dans la mise en œuvre de ce nouveau mode de management, pourquoi ne pas représenter votre « speedboat » du changement, votre vision du futur pour votre équipe?

Identifiez vos ancres, ce qui vous retient, vous ralentit, entrave votre mouvement.

- La culture de votre organisation ? Elle peut être traditionnellement organisée autour des modes de contrôle, à travers des procédures et du reporting. Tout doit être conforme aux façons de faire existantes ?

- Le poids des modes d'évaluation individuel ? Finalement votre organisation reconnaît uniquement la performance individuelle dans la tâche ou n'accorde pas d'importance à la performance collective ou contextuelle des individus ? Rien ne vous pousse à coopérer ni à collaborer ?

- La méconnaissance des mécanismes de coopération relationnelle ? Personne ne connaît ou n'utilise les modalités décrites précédemment ?

- La méconnaissance des mécanismes de communication interpersonnelle ? Personne ne vous forme ou informe sur les méthodes et outils de communication entre les personnes, et vous pouvez vous sentir parfois désarçonné face aux tensions, aux conflits, aux divergences d'opinions, aux tempéraments forts ?

- L'inertie du système ? Changer quand la culture pousse à faire toujours plus de la même chose, n'est pas chose aisée… On veut tous changer, mais quand il s'agit de prendre du temps pour le faire, rares sont ceux qui accordent priorité !

- Autres :

....

....

....

Quand bien même tous les acteurs sont convaincus de la nécessité de changer, changer revient à se bousculer soi-même et à prendre des risques, car se lancer dans l'inconnu fait peur. Reconnaître les freins est une étape utile, mais nous n'en resterons pas là !

b) Trouver et valoriser les leviers positifs

Identifiez ensuite vos vents favorables !

Et oui, vous avez sûrement plus d'atouts à mobiliser autour de vous, que vous ne pouvez en disposer au titre de votre 'responsabilité managériale'.

- Des <u>jeunes générations</u> dans votre équipe ? Des Y ou des Z ? Leurs besoins d'expression et de participation vous bousculent d'ordinaire car vous n'avez pas le temps de leur donner un espace temps, et bien ils sont peut-être pour vous une opportunité !

- Le <u>fossé des générations</u> ? Des grandes différences au sein de votre équipe en terme d'âge, de formation, d'expériences ? Voilà une richesse à valoriser en groupe d'intelligence collective, où les divergences doivent être encouragées. Lâchez prise et autorisez ces confrontations de points de vue, pas de souci, vous resterez maître de la décision ! Chacun son rôle à jouer.

- C'est la crise ? Ou bien est-ce l'opportunité de se réinventer ! Souvent de la contrainte vient la créativité. Essayez d'intégrer vos contraintes qu'elles soient économiques ou temporelles à votre groupe d'intelligence collective et laissez le innover pour sortir une solution nouvelle.

- La concurrence fait rage ? Bien, et si vous deviez faire autrement ? Comment atteindre vos objectifs en partant de vos forces internes, de vos talents, de vos ressources humaines et de leurs passions ? Comment découvrir de nouvelles terres ?

- Vos responsables ont besoin de chiffres de réussite, d'indicateurs de mesure ? Les résultats apportés par les expériences d'intelligence collective devraient, si besoin, vous permettre de convaincre vos décideurs de lancer telle ou telle modalité, en valorisant le retour sur investissement des diminutions de non qualité, des diminutions de temps perdus de non transmissions d'informations, etc…

- Autres :

....
....
....

c) Connaître son point de départ : son équipe, pour semer les conditions de réussite

Souvenons nous qu'il s'agit là d'un processus, qui se déroule dans le temps. Et adaptons notre ambition au temps. « Step by step, petit pas par petit pas »

L'intelligence collective se développe et, bonne nouvelle, elle s'apprend. Elle n'émergera pas de façon spontanée et instantanée. Nous avons vu que les ingrédients à ajouter sont le temps et les conditions favorables.

Comment identifier le stade de maturité d'intelligence collective de votre équipe ? Quatre étapes peuvent être évaluées :

- ✓ <u>Compréhension collective</u> : les personnes partagent un référentiel commun, adoptent un langage commun élaboré collectivement, y compris dans ses acronymes ou ses abus de langage. « On se comprend ». Pour le nouvel arrivant, c'est un gap culturel, il faut se familiariser avec ce socle du langage qui est fondateur de la culture et donc du collectif, dans ses spécificités.

✓ Réflexion collective : les personnes ont appris en commun, et développé une mémoire collective : des évènements passés et de la façon dont ils ont été vécus, appréhendés, le collectif en a tiré des enseignements, et appris à se connaître.

✓ Décision collective : le groupe sait s'organiser pour mobiliser l'ensemble des connaissances et intelligences individuelles pour construire la décision. Les personnes ont un objectif commun, auquel elles contribuent volontairement en mettant leurs savoirs et leurs compétences en commun.

✓ Action collective : Les personnes membres du groupe s'engagent mutuellement dans l'action, dans un effort coordonné pour résoudre un problème commun. A ce stade un équilibre entre l'autonomie de l'équipe et de chaque personne dans l'équipe va se mettre en place. Il est normal de voir apparaitre des conflits, mais l'histoire commune, la façon de réagir en commun va créer de la confiance (c'est-à-dire l'ensemble des facteurs permettant la coopération y compris en période d'incertitude).

Et vous, en pratique :

Quel est le stade de développement collectif de votre organisation ?

....

....

En conclusion, pour démarrer, c'est humblement qu'il convient d'avancer, dans le champ des situations réelles de travail. Et de mesurer, étape par étape, les progrès accomplis, en changeant de style, en encourageant de nouvelles formes d'échanges.

Le postulat de base est de croire en soi et en son équipe, de dépasser ses préjugés, tous les membres de votre groupe peuvent devenir des équipiers.

d) Quelques clés à destination du manager inspirant

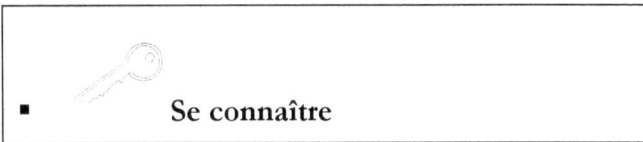

■　　　　　　　**Se connaître**

Et vous, vous connaissez-vous vraiment ?

Nous l'avons vu, beaucoup de ces modalités vous impliquent comme manager dans un changement de rôle, de style, d'attitude. Cela ne signifie pas que votre façon de manager n'est pas « la bonne », cela signifie que vous pouvez aussi ajouter des cordes à votre arc de manager, des nouveaux sons pour de nouvelles mélodies dans votre orchestre.

Quel style de manager êtes-vous ? Comment vous définiriez-vous ?

....

....

Savez-vous comment vous perçoivent vos équipes ?

....

....

Et vous comment vous percevez-vous ? Vos forces ? Vos faiblesses ?

....

....

Qu'avez-vous le plus envie de développer ?

....

....

> **■** **Equilibrer contrôle et**
> **reconnaissance**

Savez vous adapter votre management à l'autonomie de votre équipe ?

Nous avons vu que cette agilité, cette flexibilité du manager doit s'accorder aux stades d'autonomie de ses collaborateurs.

Peut-être le faites vous intuitivement ? Un moyen de le faire consciemment est de savoir doser vos interventions de contrôle et de reconnaissance en fonction des besoins de vos équipiers.

Un contrôle juste et cohérent garantit à votre équipe un traitement cadré et organisé sécurisant (les mêmes règles pour tous), et leur permet de se développer en accord avec les objectifs que vous leur aurez fixés. Cela leur permet d'anticiper les problèmes, de débloquer avec votre aide des situations difficiles, et c'est pour eux une preuve que vous vous intéressez à leur travail. Cela maintient l'intérêt des équipiers même les plus performants, à condition d'avoir une intention d'aide et non de flicage… L'objectif pour le manager est de progressivement espacer les points de contrôle et de laisser son équipier venir rendre des comptes quand il l'estime nécessaire, ayant établi une relation de confiance.

La reconnaissance au travail est une action constructive de la part du management, une évaluation positive sur sa contribution, qui va permettre de maintenir un niveau de motivation.

Il existe quatre formes de reconnaissance, à savoir adapter aux besoins des individus. Mais chaque journée de travail, communiquez votre reconnaissance au moins une fois à chacun de vos collaborateurs pour les rendre plus efficaces et pro-actifs.

Reconnaissance de la personne	Reconnaissance des résultats
✓ Saluer, remercier… ✓ Solliciter l'avis de la personne ✓ Donner le droit à participer aux discussions, aux projets, ou décisions ✓ ….	✓ Féliciter lors de l'évaluation des objectifs la réussite individuelle et/ou collective ✓ Célébrer les résultats ✓ …
Reconnaissance de la pratique de travail	**Reconnaissance des efforts, de l'investissement**
✓ Valoriser verbalement les qualités professionnelles, l'expertise ✓ Confier des missions transverses, des transferts de compétences auprès de l'équipe ✓ ….	✓ Encourager l'implication, ✓ Remercier du temps et de l'énergie consacrée en période de difficulté ✓ ….

De quelle façon organisez-vous le contrôle de vos
équipiers ? En êtes-vous satisfaits ?

....

....

Quelle forme de reconnaissance utilisez-vous
spontanément ?

....

....

Savez-vous ce que vos équipes attendent de vous en
terme de reconnaissance ?

....

....

....

....

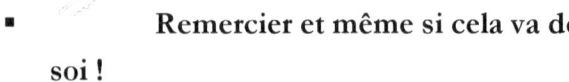

■ **Remercier et même si cela va de soi !**

C'est la première forme de reconnaissance attendue. N'hésitez pas à valoriser vos équipiers et à communiquer sur les résultats atteints par votre équipe.

■ **Ecouter, avant de parler**

Le leader libérateur sait se subordonner à ses salariés, se mettre à l'écoute de leurs idées, de leur connaissance du terrain, du métier. Rappelons Kodak, et le risque de ne pas écouter ses équipiers…

Ecouter est aussi une forme de reconnaissance, c'est accorder à vos équipiers votre présence et votre attention, c'est confirmer votre intérêt pour leur travail et leur personne.

■ Aider, fournir les outils

Qui mieux que le manager a les leviers pour débloquer les situations complexes ?

Qui mieux que le manager peut fournir les outils efficaces au travail en équipe : format des réunions, interactions positives, outils informatiques, etc... ?

■ S'autoriser à ne pas tout savoir

Vos collaborateurs n'attendent pas de vous d'avoir toutes les réponses, mais de leur apporter les outils dont ils ont besoin, de les aider à dénouer les problèmes.

- **S'entourer en s'appuyant sur les différences**

Votre recrutement est-il à votre image ? Recrutez-vous de préférence des personnes qui vous ressemblent (âges, formations, expériences,…) ? Préférez-vous des équipiers qui abondent à vos idées ?

Sans doute est-ce plus facile de travailler avec des personnes que l'on comprend facilement, qui sont formatées comme soi, mais alors le manager se prive d'une source d'énergie, d'inspiration et de diversité qui sont nécessaires à une équipe. Gérer les différences est un vrai challenge pour qu'elles ne se transforment pas en conflits, mais c'est un défi utile et salutaire : la richesse des échanges vient souvent de la diversité d'un groupe.

■ Donner le droit à l'erreur

Corolaire à la possibilité d'innover, le droit à l'erreur, à ne pas confondre avec la faute, est indispensable.

Le manager sait doser exigence sur les fondamentaux, les valeurs, les principes, les comportements, les priorités, et tolérance sur les erreurs, les difficultés naturelles, le droit à l'apprentissage.

Pour cela, il communiquera clairement en mode directif sur le non-négociable, et saura apporter son soutien pour capitaliser sur les erreurs et ne pas bloquer la prise d'initiatives.

■ Montrer l'exemple

« Rien n'est aussi contagieux que l'exemple. » F. de La Rochefoucauld

Tout est question d'attitude. Un manager ouvert et reconnaissant génèrera des comportements ouverts et impliqués. Ce que vous voulez voir dans l'attitude de vos équipiers, commencez par le mettre en œuvre dans votre attitude en réunion d'équipe et observez les changements de comportements, sur la durée.

Nous venons de recenser quelques attitudes clés dans votre comportement, vous avez désormais ces clés entre les mains, elles vous permettent d'être un manager ouvert, à l'écoute, inspirant, qui laisse à son équipe l'autonomie d'innover, de contribuer pleinement. Vous avez aussi à votre disposition un ensemble de pratiques d'animation, de facilitation, d'accompagnement, dont certaines vous ont été présentées dans ce livre. Il vous appartient d'évaluer celles qui sont le plus adaptées à votre équipe et à quel moment.

En conclusion, quelles actions à mener avec votre équipe retenez-vous ? Quelles pratiques nouvelles souhaitez-vous mettre en place ?

....

....

....

Quelles clés souhaitez-vous utiliser quotidiennement?

....

....

....

9. Conclusion

A travers ce livre, nous avons poursuivi la piste du « mieux travailler ensemble », enjeu majeur qui se pose à tous les managers d'équipe. En effet, au delà de l'aspect purement technique du management d'activité, qui consiste à faire réaliser des tâches à ses collaborateurs, le manager est confronté de plus en plus souvent à la dimension humaine de son management. Comment avoir des équipiers motivés et engagés ? Comment leur faire confiance et leur laisser une marge de manœuvre pour prendre des initiatives ? Comment partager des informations et construire ensemble des projets ? Comment transformer les conflits en sources de créativité ? Avant même de commencer à pouvoir travailler ensemble au sein de son équipe, le manager se doit de réaliser un travail de diagnostic de son équipe et de lui-même. Il se développe en artisan des relations humaines.

Nous avons vu que l'organisation du travail joue un rôle important dans les modes de management existants. Traditionnellement inspirées du taylorisme, de la division des activités et de la spécialisation des salariés, les méthodes d'organisation pyramidales annihilent la créativité, l'esprit d'innovation, et ne répondent plus ni aux attentes des salariés, ni aux enjeux des entreprises : réactivité, transversalité, innovation, bien-être, engagement, échanges multiples… Face à ce constat, depuis quelques décennies, nous disposons d'études sur la motivation, sur l'engagement, sur l'intelligence collective, la dynamique des groupes, l'entreprise libérée. Toutes ces études mettent en évidence le besoin d'autonomie des équipiers, le sentiment d'utilité et de compétence et le besoin de sens.

Le manager est un élément moteur à ce changement de paradigme dans la façon de fonctionner entre équipiers : lui seul peut insuffler un changement d'habitudes, et le travail débute nécessairement par une adaptation de son propre comportement. Nous avons vu comment le rôle du manager évolue : plus créateur, générateur de liens, il sait adapter son style de management à ses équipiers, à leur stade d'autonomie, et aux situations de travail rencontrées.

Son management devra apporter le sens : il est celui qui montre la vision, ou qui décide de la construire avec son équipe. Il est celui qui permettra une co-construction des projets, en mettant en place le cadre de travail participatif adéquat et sécurisant.

Face à la pression temporelle de l'organisation, il est paradoxal pour le manager d'investir du temps de dialogue avec ses équipiers, mais s'il sait assumer un mode de prise de décision qui lui appartient et qu'il peut choisir soit par délégation soit par subsidiarité, alors par cette attitude de pédagogie et d'écoute, il finit par gagner un temps précieux dans la mise en œuvre de son changement.

Nous avons vu quelques outils méthodologiques d'intelligence collective pour permettre au manager de démarrer dans une nouvelle approche de travail en équipe. Mettre en place certains de ces outils peut nécessiter l'intervention d'un tiers extérieur, coach, formateur ou consultant. Pour d'autres, le manager peut démarrer seul, mais un soutien ou un support en interne (RH, manager, collègue,…) peut être facilitateur. En fonction de ses besoins, il pourra choisir de commencer par animer certaines de ses réunions autrement : en organisant une contribution co-responsable sur un sujet donné. Il pourra choisir d'aligner son équipe sur des objectifs communs en séminaire de travail, et de faire accompagner chacun dans un travail individuel à la fois sur le projet et sur son changement de posture. Il pourra organiser la transmission des savoirs entre les générations en binômes de mentorat ou tutorat, ou développer les bonnes pratiques en groupe de co-développement. Il pourra aussi promouvoir une approche de démarche appréciative auprès de sa direction pour engager une vaste démarche de changement positive sur un projet d'entreprise.

Enfin, nous avons évoqué quelques attitudes clés à disposition du manager, car beaucoup de modalités d'intelligence collective impliquent le manager dans son attitude face à ses équipiers. C'est à vous manager qu'il appartient de choisir les « bonnes » clés à garder en tête, les modalités adéquates à faire découvrir à votre équipe. Le rôle de l'expérimentation est important, et c'est en testant de nouvelles formes de travail collectif que vous pourrez mesurer des résultats obtenus et adapter les modalités retenues à votre équipe.

Osez manager autrement, et avec votre équipe !

10. Bibliographie

– Alter Norbert, *Donner et prendre, la coopération en entreprise*, Editions la découverte, 2010

– Balzeau David, Moulin Arnaud, *ToDoList Management*, Vuibert 2013

– De Bono Edward, *La boite à outils de la créativité*, Eyrolles, 2013

– Cauvin Pierre, Cailloux Geneviève, *Les types de personnalités : Les comprendre et les utiliser avec le CCTI et le MBTI*, ESF 2016

– Cauvin Pierre, *Pratiques du teambuilding*, ESF, 2014

– Dupuy François, *Lost in Management*, Editions du Seuil, 2011

– Dupuy François, *La faillite de la pensée managériale*, Editions du Seuil, 2016

– Getz Isaac, Carney Brian M., *Liberté & cie*, Flammarion, 2016

– Greselle Olfa Zaïbet, *Vers l'intelligence collective des équipes de travail : une étude de cas*, Management & avenir, 2007

– Hoffner-Lesure Anne et Delaunay Dominique, *Le co-développement professionnel et managérial, l'approche qui rend acteur et développe l'intelligence collective*, EMS, 2013

- Kourilsky Françoise, *Du désir au plaisir de changer,* DUNOD, 1995

- Le Douarec Laure, *Guide pratique de l'intelligence collective : L'art d'interagir,* Le Souffle d'Or, 2016

- Lehnardt Vincent, *Les responsables porteurs de sens : Culture et pratique du coaching et du team-building,* Eyrolles, 2015

- Payette Adrien, Champagne Claude, *Le groupe de co-développement professionnel,* Presses de l'université du Québec, 2010

- Pagès Jean, *Le coaching avec la méthode Appreciative Inquiry, Conduire le changement en s'appuyant sur les réussites,* Eyrolles, 2014

- Plane Jean-Michel, *Théorie des organisations,* 3ème édition, Dunod, 2008

- Rosenberg Marshall B., *Introduction à la communication non-violente, Les mots sont des fenêtres (ou bien ce sont des murs),* Editions la Découverte, 2005

- Thévenet Maurice, *La culture d'entreprise*, PUF, 2011

www.ingramcontent.com/pod-product-compliance
Lightning Source LLC
Chambersburg PA
CBHW071433180526
45170CB00001B/325